헌재(憲裁)는 용서받을 수 없다

저자 변지섭

오늘의문학사

헌재(憲裁)는 용서받을 수 없다

♪ 프롤로그

　움직이는 동산을 잃어버리거나 남이 훔쳐 가면 동산에 대한 권리는 사실상 소멸해 버린다. 그러나 주택이나 토지 등 부동산은 한번 취득하고 등기부에 기재하면 영원히 자기의 소유가 되므로 2~3년이나 심지어 100년이 지난다 해도 타인이 몰래 가져가거나 권리를 행사할 수 없다. 이러한 사실에 대하여 법률은 "소유권은 소멸시효에 걸리지 않는다."라고 표현한다.

　그러나 아무리 소유권이 절대적 권리라 해도 부동산의 점유자가 타인의 부동산을 20년 이상 점유하거나 소유자로서 등기한 후 10년간 점유한다면 타인의 부동산을 취득할 수 있는 새로운 현상이 발생하는 바 이를 '취득시효'라고 부른다.

　그런데 소유권, 특히 부동산 소유권, 그 자체는 영원히 소멸하지 않고 소멸시효에 걸리지 않는 절대적 권리라 해도 취득 시효자가 타인의 부동산에 대한 권리를 취득한다면 취득시효의 반사작용(反射作用)으로서 소유권의 권리소멸이 있게 된다는 놀라운 사실을 우리는 알 수 있게 된다. 그러나 그것은 소유권이 소멸시효에 걸리기 때문이 아니고 취득시효와 소멸시효라는 두 개의 사물 간의 역학관계에 따라서 부동산 소유권이 소멸하는 것과 동일한 현상의 결과일 뿐이다.

　이 세상에 영원하고 절대적인 것, 완전한 것은 없다. 사랑도, 권력도, 우정도…. 그 모든 것이 세월의 무게를 견디지 못하고 소멸하거나 변화하는 자연의 원리에 매몰될 뿐이다.

우리나라도 2017년 3월 10일 대통령이 탄핵 심판 결정으로 대통령 자리에서 쫓겨나는 대한민국 역사상 초유의 사태가 발생했다. 국민의 과반수인 51% 찬성으로 대통령 자리에 오른 박근혜 전 대통령은 임기 동안 국정을 수행할 권한과 책임을 주권자인 국민으로부터 위임받았음에도 대통령 자리를 빼앗기도록 결정한 헌법재판소의 탄핵 심판 결정은 과연 타당하고 객관적인 결정이었을까?

박근혜 전 대통령은 현직 대통령이었음에도 재직 중 형사상 소추를 받지 않는다는 헌법 규정(헌법 제84조)에도 불구하고 검찰과 특검으로부터 수사를 받으라는 협박을 받았다. 수사는 형사 소추를 하기 위한 수단이므로 대통령에 대한 수사는 할 수 없다는 입장에 의할 때 부당하기 짝이 없는 모순된 행태라 할 수 있겠으나 임기 말의 '레임덕'에 따른 서글픈 권력의 속성이라 할 것이다.

한편, 대통령이 소속된 구 새누리당 일부 소속 의원(바른정당)들도 탄핵소추 발의에 찬성함으로써 헌재의 탄핵 심판을 결정짓는 계기를 조성하였다. 더 나아가 정치평론가, 대학교수, 언론인, 변호인 등 소위 한국의 지성인들이 언론의 사주를 받아 박 전 대통령의 비난 여론을 확장하는 여건을 조성하였다. TV 출연 시마다 경제적인 단물만 빨아먹은 그들은 지금 모두 어디로 갔을까?

박 전 대통령의 탄핵 사유는 최순실(본명은 최서원) 게이트라고 말하고 있으나 그 자체로는 탄핵 사유로서의 무게와 비중이 모자란다고 할 것이며 최순실 게이트는 박 전 대통령에 대한 최순실의 사기사건이라고 그 성격을 규정해야 할 것이다.

2017. 3. 10. 11:20 헌법재판소가 박근혜 전 대통령 탄핵 심판 인용 결정을 내린 역사적 사실에 대하여 대한민국의 건전한 사고를 가진 국민들이 어떻게 받아들일 것인지를 음미해 본다는 것은 매우 가치 있는 일이라고 생각된다.

탄핵 인용 결정을 주장하는 측은 8 : 2 또는 9 : 1로 압도적인 다수 국민이 탄핵인용을 찬성하였다고 주장하는 한편, 탄핵 기각을 주장하는 국민들은 6 : 4 정도로 기각을 주장하는 국민들이 더 많았다고 주장하는 것이 현실이다. 6 : 4라는 숫자는 컴퓨터를 모르는 60대 이상의 수백만 명과 먹고 살기가 바빠서 태극기 집회에 참여하지 못한 침묵하는 소시민 수백만 명의 인원을 감안한 것이므로 타당성이 있다는 주장도 있다.

그러나 우리가 무엇보다도 간과(看過)해서 안 되는 점은 탄핵 인용을 찬성하는 사람들과 기각을 찬성하는 사람들의 어느 쪽이 더 많은가의 세력 분포가 중요한 것이 아니고, 대통령의 탄핵 인용과 기각 중 어느 것이 옳고 정당한 것인가의 소위 선의지(善意志)를 명확히 결정하는 일이 될 것이다. 다수자의 의견이 반드시 소수자의 그것보다 낫거나 정당한 것이 아니므로 다수결의 결함을 보완하는 방법으로 소수자의 권리가 강조되고 있기 때문이다.

현대 민주주의의 의사결정에 다수결의 원리가 적용되기 때문에 소수자의 의견이 정당함에도 불구하고 무시되는 모순된 경우가 있으므로, 이러한 경우에는 충분한 토의를 거쳐 합리적인 결과에 도달해야 할 것이며, 합리적 결과에 도달할 수 없는 최후적 최종적인 경우에만 다수결의 원리가 적용된다고 해야 할 것이다.

박 전 대통령의 탄핵 인용 결정과 그 결정의 핵심 역할을 한 세월호 사건, 이태원 참사 사건, 천안함 사건 기타 최근의 시국사건 등은 우리 국민들의 귀에 못이 박이도록 익숙한 사건이다. 그럼에도 불구하고 그 진정한 의미가 왜곡되어 왔고, 정치적 사건으로 비화되어 왔으므로 우리가 그 의미를 반추해 본다는 것은 향후 국민의 삶에 새로운 가치를 제시해 줄 것을 믿어 의심치 않는다.

2023. 11. 20.

세종 우거에서

저 자 변 지 섭

프롤로그 ··· 4

제1장   헌재는 용서받을 수 없다

대통령 박근혜 탄핵 심판 헌재 결정문(요지) ············· 13
헌재의 탄핵 심판에 대한 타당성 검토 ··················· 26
  1. 공무원 임명권 남용 ─────────── 26
  2. 언론의 자유 침해 사실 여부 ─────── 26
  3. 세월호 사건에 관한 생명권 보호 의무와… ─ 28
  4. 피청구인의 최서원에 대한 국정 개입 허용과 권한 남용 여부 ── 48
  5. 피청구인의 법 위반 행위가 파면할 만큼 중대한지 여부 ───── 63
  6. 일부 헌법재판소 재판관의 보충 의견 ── 73
  7. 헌재의 탄핵인용 결정의 부당성 ────── 75

제2장   주요 시국 관련 사건

1. 세월호 사건 ······································ 83
2. 천안함과 세월호 사건 ···························· 101
3. 사드 사건 ······································· 108
4. 기타 시국사건 개관 ····························· 119

5. 일본의 핵 오염수 방류 사건 ·················· 128
6. 역사 교과서 국정화 논란 사건 ················ 137
7. 공기업체와 은행 ···························· 142

제3장 역대 정부의 노동 정책

1. 노태우의 노동정책 ·························· 157
2. 박근혜·문재인의 노동정책 ··················· 164
3. 윤석열의 노동정책 ·························· 173

제4장 주요 수필

행정관청 기타 공공기관 통화의 문제점 ·········· 187
인간의 경쟁의식 ······························ 192
성완종 리스트 파문의 교훈 ···················· 194
유명 인사의 의식구조 ························· 198
국회개혁의 시급성(時急性) ····················· 200
공무원 연금 개혁이 보류되어야 하는 이유 ········ 205
문재인 정부에서 대통령의 최우선 과제 ·········· 209

지하철 무임승차권 운용상의 문제점과 대책 ………… 213
한국이 배워야 할 점 ……………………………………… 215

제5장 노동조합

1. 노동조합의 의의 및 기능 ……………………………… 219
2. 노동조합장과 노동조합원의 관계 …………………… 221
3. 노조 파업의 현황 ……………………………………… 222
4. 노동조합의 시대적 과제 ……………………………… 225

제1장

헌재는 용서받을 수 없다

대통령 박근혜 탄핵 심판 헌재 결정문(요지)

헌법재판소 결정

사건 2016헌나1 대통령(박근혜) 탄핵
청구인   국회
         소추위원 국회 법제사법위원회 위원장
         대리인 명단은 별지와 같음
피청구인 대통령 박근혜
         대리인 명단은 별지와 같음
선고일시 2017. 3. 10. 11:21

주문 피청구인 대통령 박근혜를 파면한다.

 먼저 선고에 앞서 이 사건의 진행 결과를 말씀드리겠습니다.
 저희 재판관들은 이 사건이 재판소에 접수된 지난해 12월 9일 이후 오늘까지 휴일을 제외한 60여 일간 매일 재판관 평의를 진행하였습니다. 재판 과정 중 이루어진 모든 진행 및 결정에 대하여 재판관 전원의 논의를 거쳤다는 점을 말씀드립니다.

저희 재판관들은 그간 세 차례의 준비 기일과 열일곱 차례에 걸친 변론기일을 열었습니다. 그 과정에서 청구인 측 증거인 갑 제174호 증에 이르는 서증과 열두 명의 증인, 5건의 문서송부촉탁결정 및 1건의 사실조회 결정, 피청구인 측 증거인을 제 60호 증에 이르는 서증과 열일곱 명의 증인(안종범 중복되면 17명), 6건의 문서송부촉탁결정 및 68건의 사실조회결정을 통한 증거조사를 하였으며 소추위원과 양쪽 대리인들의 변론을 경청하였습니다.

증거 조사된 자료는 48,000여 쪽에 달합니다.

헌법은 대통령을 포함한 모든 국가기관의 존립 근거이고, 국민은 그러한 헌법을 만들어 내는 힘의 원천입니다.

재판부는 이 점을 깊이 인식하면서, 역사의 법정 앞에 서게 된 당사자의 심정으로 이 선고에 임하고자 합니다. 저희 재판부는 국민들로부터 부여받은 권한에 따라 이루어지는 오늘의 이 선고 이후로부터 더 이상의 국론분열과 혼란이 종식되기를 바랍니다.

또한, 어떤 경우에도 법치주의는 흔들려서는 안 될 우리 모두가 함께 지켜가야 할 가치라고 생각합니다.

그럼 지금부터 선고를 시작하겠습니다.

먼저, 이 사건 탄핵소추안의 가결 절차와 관련하여 흠결이 있는지 살펴보겠습니다. 소추 의결서에 기재된 소추 사실이 구체적으로 특정되지 아니하였다는 점에 대하여 보겠습니다.

헌법상 탄핵소추 사유는, 공무원이 그 직무집행에서 헌법이나 법률을 위배한 사실이고 여기서 법률은 형사법에 한정되지 않습니다. 그리고 탄핵 결정은 대상자를 공직으로부터 파면하는 것이고 형사상 책임을 묻는 것은 아닙니다. 따라서 피청구인이 방어권을 행사할 수 있고 심판 대상을 확정할 수 있을 정도로 사실관계를 기재하면 됩니다.

이 사건 소추의결서의 헌법 위배 행위 부분이 분명하게 유형별로 구분되지 않은 측면이 없지 않지만, 법률 위배 행위 부분과 종합하여 보면 소추 사유를 특정할 수 있습니다.

다음으로, 이 사건 탄핵소추안을 의결할 당시 국회 법사위의 조사도 없이 공소장과 신문 기사 정도만 증거로 제시되었다는 점에 대하여 보겠습니다.

국회의 의사 절차의 자율권은 권력분립의 원칙상 존중되어야 합니다. 국회법에 의하더라도 탄핵소추 발의 시 사유 조사 여부는 국회의 재량으로 규정하고 있으므로 그 의결이 헌법이나 법률을 위배한 것이라고 볼 수 없습니다.

그다음으로 이 사건 소추 의결이 아무런 토론 없이 진행되었다는 점에 관하여 보겠습니다. 의결 당시 상황을 살펴보면, 토론 없이 표결이 이루어진 것은 사실이나, 국회법상 반드시 토론을 거쳐야 한다는 규정은 없고 미리 찬성 또는 반대의 뜻을 국회의장에게 통지하고 토론할 수는 있습니다. 그런데 당시 토론을 희망한 의원은 한 사람도 없었으며, 국회의장이 토론을 희망하는데 못하게 한 사실도 없었습니다.

탄핵 사유는 개별·사유별로 의결 절차를 거쳐야 함에도 여러 개 탄핵 사유 전체에 대하여 일괄하여 의결한 것은 위법하다는 점에 관하여 보겠습니다.
소추 사유가 여러 개 있을 경우 사유별로 표결할 것인지, 여러 사유를 하나의 소추안으로 표결할 것인지는 소추안을 발의하는 국회의원의 자유로운 의사에 달린 것이고, 표결 방법에 관한 어떠한 명문 규정도 없습니다.

8인 재판관에 의한 선고가 9인으로 구성된 재판부로부터 공정한 재판을 받을 권리를 침해하였다는 점에 관하여 살펴보겠습니다.
헌법재판소는 헌법상 아홉 명의 재판관으로 구성되어 있습니다. 그런데 현실적으로 재판관의 공무상 출장이나 질병 또는 재판관 퇴임 이후 후임 재판관 임명까지 사이의 공백 등 여러 가지 사유로 일부 재판관이 재판에 관여할 수 없는 경우는 발생할 수밖에 없습니다. 헌법과 법률에서는 이러한 경우에 대비한 규정이 마련되어 있습니다.
탄핵의 결정을 할 때에는 재판관 6인 이상의 찬성이 있어야 하고, 재판관 7인 이상의 출석으로 사건을 심리한다고 규정하고 있습니다.

아홉 명의 재판관이 모두 참석한 상태에서 재판을 할 수 있을 때까지 기다려야 한다는 주장은, 현재와 같이 대통령 권한대행이 헌법재판소장을 임명할 수 있는지 논란이 되고 있는 상황에서는 결국 심리를 하지 말라는 주장으로서, 탄핵소추로 인한 대통령의 권한 정지 상태라는 헌정 위기 상황을 그대로 방치하는 결과가 됩니다.

여덟 명의 재판관으로 이 사건을 심리하여 결정하는 데 헌법과 법률상 아무런 문제가 없는 이상 헌법재판소로서는 헌정 위기 상황을 계속해서 방치할 수는 없습니다. 그렇다면 국회의 탄핵소추 가결 절차에 헌법이나 법률을 위배한 위법이 없으며, 다른 적법 요건에 어떠한 흠결도 없습니다.

이하는 헌법재판소(이하 헌재라 칭한다)의 피청구인 박근혜의 탄핵 사유에 대한 인용문입니다. 헌재는 탄핵 사유를 5가지로 분류하여 심판하고 있습니다.

우선 탄핵사유별로 피청구인의 직무집행에 있어 헌법이나 법률을 위배하였는지 살펴보겠습니다.

먼저 공무원 임명권을 남용하여 공무원 제도의 본질을 침해하였다는 점에 관하여 보겠습니다.

문화체육관광부 노태강 국장과 진재수 과장이 피청구인의 지시에 따라 문책성 인사를 당하고, 노 국장은 결국 명예퇴직하였으며, 장관이던 유진룡은 면직되었고, 대통령 비서실장 김기춘이 문화체육관광부 제1차관에게 지시하여 1급 공무원 여섯 명으로부터 사직서를 제출받아 그중 세 명의 사직서가 수리된 사실은 인정됩니다.

그러나 이 사건에 나타난 증거를 종합하더라도, 피청구인이 노 국장과 진 과장이 최서원(최순실의 본명)의 사익 추구에 방해가 되었기 때문에 인사를 하였다고 인정하기에는 부족하고, 유진룡이 면직된 이유나 김기춘이 여섯 명의 1급 공무원으로부터 사직서를 제출받도록 한 이유 역시 분명하지 아니합니다.

둘째로 언론의 자유를 침해하였다는 점에 관하여 보겠습니다.

청구인(국회)은 피청구인(대통령)이 압력을 행사하여 세계일보 사장을 해임하였다고 주장하고 있습니다. 세계일보가 청와대 민정수석비서관실에서 작성한 정윤회 문건을 보도한 사실과 피청구인이 이러한 보도에 대하여 청와대 문건의 외부 유출은 국기문란 행위이고 검찰이 철저하게 수사해서 진실을 밝혀야 한다고 하며 문건 유출을 비난한 사실은 인정됩니다.

그러나 이 사건에 나타난 증거를 종합하더라도 세계일보에 누가 구체적으로 압력을 행사하였는지 분명하지 않고 피청구인이 관여하였다고 인정할 만한 증거는 없습니다.

셋째, 세월호 사건에 관한 생명권 보호 의무와 직책 성실 의무 위반의 점에 관하여 보겠습니다.

2014년 4월 16일 세월호가 침몰하여 304명이 희생되는 참사가 발생하였습니다. 당시 피청구인은 관저에 머물러 있었습니다.

헌법은 국가는 개인이 가지는 불가침의 기본적 인권을 확인하고 이를 보장할 의무를 진다고 규정하고 있습니다.

피청구인은 국가가 국민의 생명과 신체의 안전 보호 의무를 충실하게 이행할 수 있도록 권한을 행사하고 직책을 수행하여야 하는 의무를 부담합니다. 그러나 국민의 생명이 위협받는 재난 상황이 발생하였다고 하여 피청구인이 직접 구조 활동에 참여하여야 하는 구체적이고 특정한 행위 의무까지 바로 발생한다고 보기는 어렵습니다. 또한 피청구인은 헌법상 대통령으로서의 직책을 성실히 수행할 의무를 부담하고 있습니다. 그런데 성실의 개념은 상대적이고 추상적이어서 성실한 직책 수행 의무와 같은 추상적 의무 규정의 위반을 이유로 탄핵소추를 하는 것엔 어려운 점이 있습니다. 헌법재판소는 이미 대통령의 성실한 직책 수행 의무는 규범적으로 그 이행이 관철될 수 없으므로 원칙적으로 사법적 판단의 대상이 될 수 없어, 정치적 무능력이나 정책 결정상의 잘못 등 직책 수행의 성실성 여부는 그 자체로는 소추 사유가 될 수 없다고 하였습니다.

세월호 사고는 참혹하기 그지없으나, 세월호 참사 당일 피청구인이 직책을 성실히 수행하였는지 여부는 탄핵심판절차의 판단 대상이 되지 아니한다고 할 것입니다.

넷째, 지금부터는 피청구인의 최서원에 대한 국정 개입 허용과 권한 남용에 관하여 살펴보겠습니다. 피청구인에게 보고되는 서류는 대부분 부속 비서관 정호성이 피청구인에게 전달하였는데, 정호성은 2013년 1월경부터 2016년 4월경까지 각종 인사자료, 국무회의 자료, 대통령 해외순방 일정과 미국 국무장관 접견 자료 등 공무상 비밀을 담고 있는 문건을 최서원에게 전달하였습니다.

최서원은 그 문건을 보고 이에 관한 의견을 주거나 내용을 수정하기도 하였고, 피청구인의 일정을 조정하는 등 직무 활동에 관여하기도 하였습니다. 또한, 최서원은 공직 후보자를 추천하기도 하였는데, 그중 일부는 최서원의 이권 추구를 도왔습니다.

피청구인은 최서원으로부터 케이디코퍼레이션이라는 자동차 부품회사의 대기업 납품을 부탁받고 안종범을 시켜 현대자동차 그룹에 거래를 부탁하였습니다.

피청구인은 안종범에게 문화와 체육 관련 재단법인을 설립하라는 지시를 하여, 대기업들로부터 486억 원을 출연받아 재단법인 미르, 288억 원을 출연받아 재단법인 케이스포츠를 설립하게 하였습니다.

그러나 두 재단법인의 임직원 임면, 사업추진, 자금 집행, 업무지시 등 운영에 관한 의사결정은 피청구인과 최서원이 하였고, 재단법인에 출연한 기업들은 전혀 관여하지 못했습니다.

최서원은 미르가 설립되기 직전에 광고회사인 플레이그라운드를 설립하여 운영했습니다. 최서원은 자신이 추천한 임원을 통해 미르를 장악하고 자신의 회사인 플레이그라운드와 용역계약을 체결하도록 하여 이익을 취하였습니다.

그리고 최서원의 요청에 따라 피청구인은 안종범을 통해 케이티에 특정인 2명을 채용하게 한 뒤 광고 관련 업무를 담당하도록 요구하였습니다. 그 뒤 플레이그라운드는 케이티의 광고대행사로 선정되어 케이티로부터 68억여 원에 이르는 광고를 수주하였습니다.

또 안종범은 피청구인 지시로 현대자동차 그룹에 플레이그라운드 소개 자료를 전달했고, 현대와 기아자동차는 신생 광고회사인 플레이그라운드에 9억여 원에 달하는 광고를 발주했습니다.

한편, 최서원은 케이스포츠 설립 하루 전에 더블루케이를 설립하여 운영했습니다.

최서원은 노승일과 박헌영을 케이스포츠의 직원으로 채용하여 더블루케이와 업무협약을 체결하도록 했습니다.

피청구인은 안종범을 통하여 그랜드코리아레저와 포스코가 스포츠팀을 창단하도록 하고 더블루케이에 스포츠팀의 소속 선수 에이전트나 운영을 맡기도록 하였습니다.

최서원은 문화체육관광부 제2차관 김종을 통해 지역 스포츠클럽 전면 개편에 대한 문화체육관광부 내부 문건을 전달받아, 케이스포츠가 이에 관여하여 더블루케이가 이득을 취할 방안을 마련했습니다.

또 피청구인은 롯데그룹 회장을 독대하여 5대 거점 체육인재 육성 사업과 관련해 하남시에 체육시설을 건립하려고 하니 자금을 지원해 달라고 요구하여 롯데는 케이스포츠에 70억 원을 송금했습니다.

다음으로 피청구인의 이러한 행위가 헌법과 법률에 위배되는지를 보겠습니다.

헌법은 공무원을 '국민 전체에 대한 봉사자'로 규정하여 공무원의 공익실현 의무를 천명하고 있고, 이 의무는 국가공무원법과 공직자 윤리법 등을 통해 구체화되고 있습니다.

피청구인의 행위는 최서원의 이익을 위해 대통령의 지위와 권한을 남용한 것으로써 공정한 직무수행이라고 할 수 없으며, 헌법, 국가공무원법, 공직자윤리법 등을 위배한 것입니다, 또한, 재단법인 미르와 케이스포츠의 설립, 최서원의 이권 개입에 직·간접적으로 도움을 준 피청구인의 행위는 기업의 재산권을 침해하였을 뿐만 아니라 기업 경영의 자유를 침해한 것입니다.

그리고 피청구인의 지시 또는 방치에 따라 직무상 비밀에 해당하는 많은 문건이 최서원에게 유출된 점은 국가공무원법의 비밀엄수의무를 위배한 것입니다.

다섯째, 지금까지 살펴본 피청구인의 법 위반 행위가 피청구인을 파면할 만큼 중대한 것인지에 관하여 보겠습니다.

대통령은 헌법과 법률에 따라 권한을 행사하여야 함은 물론, 공무수행은 투명하게 공개하여 국민의 평가를 받아야 합니다.
그런데 피청구인은 최서원의 국정 개입 사실을 철저히 숨겼고 그에 관한 의혹이 제기될 때마다 이를 부인하며 오히려 의혹 제기를 비난하였습니다. 이로 인해 국회 등 헌법기관에 의한 견제나 언론에 의한 감시 장치가 제대로 작동될 수 없었습니다.

또한, 피청구인은 미르와 케이스포츠 설립, 플레이그라운드와 더블루케이 및 케이디코퍼레이션 지원 등과 같은 최서원의 사익 추구에 관여하고 지원하였습니다.
피청구인의 헌법과 법률 위배 행위는 재임 기간 전반에 걸쳐 지속적으로 이루어졌고, 국회와 언론의 지적에도 불구하고 오히려 사실을 은폐하고 관련자를 단속해 왔습니다. 그 결과 피청구인의 지시에 따른 안종범, 김종, 정호성 등이 부패 범죄 혐의로 구속 기소되는 중대한 사태에 이르렀습니다.

이러한 피청구인의 위헌·위법 행위는 대의민주제 원리와 법치주의 정신을 훼손한 것입니다.

한편, 피청구인은 대국민 담화에서 진상규명에 최대한 협조하겠다고 하였으나 정작 검찰과 특별검사의 조사에 응하지 않았고 청와대에 대한 압수수색도 거부하였습니다.

이 사건 소추 사유와 관련한 피청구인의 일련의 언행을 보면, 법 위배 행위가 반복되지 않도록 할 헌법수호 의지가 드러나지 않습니다.

결국 피청구인의 위헌·위법 행위는 국민의 신임을 배반한 것으로 헌법수호의 관점에서 용납될 수 없는 중대한 법 위배 행위라고 보아야 합니다. 피청구인의 법 위배 행위가 헌정질서에 미치는 부정적 영향과 파급효과가 중대하므로, 피청구인을 파면함으로써 얻는 헌법수호의 이익이 압도적으로 크다고 할 것입니다.

이에 재판관 전원의 일치된 의견으로 주문을 선고합니다.

주문 피청구인 대통령 박근혜를 파면한다.

이 결정에는 세월호 참사와 관련하여 피청구인은 생명권 보호 의무를 위반하지는 않았지만, 헌법상 성실한 직책 수행 의무 및 국가공무원법상 성실의무를 위반하였고, 다만 그러한 사유만으로는 파면 사유를 구성하기 어렵다는 재판관 김이수, 재판관 이진성의 보충 의견이 있습니다.

(그 취지는 피청구인의 생명권 보호의무 위반을 인정하지 못하는 것은 법정 의견과 같고, 피청구인이 헌법상 대통령의 성실한 직책 수행 의무 및 국가공무원법상 성실의무를 위반하였으나 이 사유만으로는 파면 사유를 구성하기 어렵지만, 미래의 대통령들이 국가 위기 상황에서 직무를 불성실하게 수행하여도 무방하다는 그릇된 인식이 우리의 유산으로 남겨져 수많은 국민의 생명과 안전이 상실되는 불행한 일이 반복되어서는 안 되겠기에 피청구인의 성실한 직책 수행 의무 위반을 지적한다는 내용입니다.)

또한, 이 사건 탄핵 심판은 보수와 진보라는 이념의 문제가 아니라 헌법 질서를 수호하는 문제로 정치적 폐습을 청산하기 위하여 파면 결정을 할 수밖에 없다는 재판관 안창호의 보충 의견이 있습니다.

이것으로 선고를 마칩니다.

재판장   재판관   이정미
             재판관   김이수
             재판관   이진성
             재판관   김창종
             재판관   안창호
             재판관   강일원
             재판관   서기석
             재판관   조용호

헌재의 탄핵 심판에 대한 타당성 검토

1. 공무원 임명권 남용

문화체육관광부 노태강 국장과 진재수 과장이 피청구인의 지시에 따라 문책성 인사를 당하고 노 국장은 결국 명예퇴직하였으며, 장관이던 유진룡은 면직되었고 대통령 비서실장 김기춘이 문화체육관광부 제1차관에게 지시하여 1급 공무원 여섯 명으로부터 사직서를 제출받아 그중 세 명의 사직서가 수리된 사실은 인정된다.

그러나 이 사건에 나타난 증거를 종합하더라도, 피청구인이 노 국장과 진 과장이 최서원의 사익 추구에 방해가 되었기 때문에 인사를 하였다고 인정하기에는 부족하고, 유진룡이 면직(免職)된 이유나 김기춘이 여섯 명의 1급 공무원으로부터 사직서를 제출받도록 한 이유 역시 분명하지 아니하다고 판단함으로써 피청구인이 공무원 임명권을 남용하였다는 국회의 주장을 기각하였다.

2. 언론의 자유 침해 사실 여부

헌재(憲裁)는 이 부분에 대해서도 청구인은 피청구인이 압력을 행사하여 세계일보 사장을 해임하였다고 주장하고 있으나 세계일보가 청와대 민정수석비서관실에서 작성한 정윤회 문건을 보도한 사실과 피청구인이 이러한 보도에 대하여 청와대 문건의 외부유출(外部流出)은 국기문란 행위이고 검찰이 철저하게 수사해서 진실을 밝혀야 한다고 하며 문건 유출을 비난한 사실만 인정될 뿐이다. 세계일보에 누가 압력(壓力)을 행사하였는지 분명하지 않고 피청구인이 관여하였다고 인정할 만한 증거가 없다고 판결함으로써 피청구인의 언론 자유 침해 사실을 기각(棄却)하였다.

이상 공무원 임면권 남용(濫用)이나 언론의 자유 침해 사실 여부에 대하여 헌재는 피청구인이 관여하였다고 볼 만한 증거가 없다고 판단함으로써 청구인의 청구를 기각하였다.

여기서 문제 되는 것은 헌재가 청구인의 청구를 기각하였다는 당연한 논리적 사고는 별론으로 하고 청구인인 국회가 자신의 할 일은 망각(忘却)한 채 행정부의 수장이고 국가원수인 피청구인의 행정공무원 임면권 남용 여부를 따지는 것 자체가 논리적으로 부당하기 짝이 없다는 데 있는 것이다.

또한 언론의 자유 침해 사실 여부도 그렇다. 언론이라는 것이 무엇인가, 국민의 알 권리를 충족시키기 위하여 사건을 공정하게 취재(取材)하여 국민에게 알려주어야 할 것이나 취재해서는 안 될 청와대 문건을 외부로 유출(流出)하였다면 책임질 일은 당연하다 할 것이다. 공무원도 공무상 문건을 유출해서는 안 되지만 신문사나 방송 등 언론매체(言論媒體)도 국민의 알 권리 충족이라는 미명하에 취재 행위에 대한 책임이 면제된다는 특권의식은 버려야 할 것이다.

따라서 헌재가 공무원 임면권 남용이나 언론의 자유 침해 사실 여부에 대하여 청구인의 청구를 기각한 것은 너무나 당연한 판결이고 청구인인 국회의원들이 탄핵 사유가 되지도 않는 사건을 '아니면 말고 식(式)'의 탄핵 사유로 제기한 것에 불과한 것이라고 할 것이다.

3. 세월호 사건에 관한 생명권 보호 의무와 직책 성실의무 위반 사실 여부

(1) 헌재는 이 부분에 대해서도 피청구인은 국가가 국민의 생명과 신체의 안전 보호 의무를 충실하게 이행할 수 있도록 권한을 행사하고 직책을 수행하여야 하는 의무를 부담하지만, 국민의 생명이 위협받는 재난(災難) 상황이 발생하였다고 하여 피청구인이 직접 구조 활동에 참여하여야 하는 등 구체적이고 특정한 행위의무(行爲義務)까지 바로 발생한다고 보기는 어렵다고 한다.

또한, 피청구인은 헌법상 대통령으로서의 직책을 성실히 수행할 의무를 부담하고 있다고는 하지만 성실의 개념은 상대적이고 추상적(抽象的)이어서 성실한 직책 수행 의무와 같은 추상적 의무 규정의 위반을 이유로 탄핵소추(彈劾訴追)를 하는 것은 어려운 점이 있다고 헌재는 주장하고 있다. 따라서 헌재는 대통령의 성실한 직책 수행 의무는 규범적으로 그 이행이 관철될 수 없으므로 원칙적으로 사법적 판단의 대상이 될 수 없어, 정치적 무능력이나 정책 결정상의 잘못 등 직책 수행의 성실성 여부는 그 자체로는 소추 사유가 될 수 없다고 하면서 동 청구 사실을 기각하였다.

  (2) 그런데 여기서 대한민국의 대학생과 청·장년층이나 노년층 등 애국적 지성인들을 포함한 모든 국민들이 알아야 할 중요한 사실은 탄핵을 받아야 할 자가 피청구인인 대통령이 아니라면 우리는 헌재의 탄핵 심판과는 별도로 탄핵을 받아야 할 대상자가 따로 있다는 논리적 사고에 도달할 수 있을 것이다. 즉 세월호 참사의 원인을 불러오고 그 결과를 가져온 자는 대통령이 아니라 나라의 부정부패를 방지하고 세월호 참사를 예방해야 할 법을 만드는 것을 주된 기능으로 하는 입법부 구성원인 국회의원이라는 사실이다. 여기서 우리는 국회의원은 비록 헌법상 탄핵대상자가 아니라 해도 탄핵 사유에 해당하고 대통령은 탄핵 대상자로 규정되어 있으나 박 대통령의 경우처럼 탄핵 사유에 해당되지 않는 경우가 있다는 모순을 발견하게 되는 것이다.

  국회의원의 가장 핵심적 기능은 법률을 만드는 일이다. 이들은 부정부패를 방지하고 범죄자를 처벌하는 강력한 법을 만들어야 함에도 입법 활동은 하지 않고 행정부에 입법 기능을 떠넘기고 국민들로부터 이권을 취득하며 원성만 사고 있다. 국회 무용론이나 국회 해산론이 현재의 정치적 당면문제로 제기되고 있는 것은 주목할 만한 일이다.
  국민들은 그들을 국해의원(國害議員), 국민의 공적(公敵), 조직폭력배, 준범죄자 등 많은 별명으로 부르고 있는 것은 주지하고 있는 바와 같다. 국회의원들은 입법 기능은 망각한 채 행정부나 사법부 기타 공기업체들의 감시·감독 기능이 있다는 구실 하에 행정부의 기능을 마비시켜 국가정책을 방해하고 당리당략을 유리하게 이끄는 일방 대기업체의 노조와 제휴하면서 대기업체 노조로 하여금 파업을 유도토록 하여 파업을 철회하는 조건으로 경제적 이권을 공유하는 등 온갖 악행을 일삼아 왔다고 알려지고 있다. 이러한 사실에도 불구하고 학자나 대학생 언론인 등 소위 한국의 지성인들은 국회의원들의 행태에 침묵하고 있었기 때문에 세월호 참사에 관하여 국회의원들과 공동의 책임을 져야 할 것이다. 물론 대기업체를 포함한 모든 기업체나 백만 명의 공무원, 자영업자들은 한결같이

"똥이 더러워서 피하지 무서워서 피하냐? 우리도 먹고 살아야 하지 않는가!"

라고, 말하면서 그들의 비위를 건드리면 수백·수천억 원의 영업 손해가 발생하거나 직장을 잃고 거리에 나앉을 수밖에 없다는 주장하에 방관자로서 남아있는 것은 사실이다.

생각해 보면 가장 더럽고 추하게 인생을 살아왔던 집단의 국회 구성원들(특히 야당 국회의원들)이 이제까지 정부 비판을 위한 비판만을 일삼아 오면서 국가정책과 국민의 행복을 가로막아 왔던 것도 모자라 자신들이 짊어져야 할 멍에를 대통령에게 씌워왔다. 또한 대통령의 세월호 7시간의 행적을 감수성이 예민한 대학생과 청·장년층 기타 불순 좌파 세력이 공격하도록 사주하고 있다는 사실에 우리는 주목해야 할 것이다.

세월호 침몰의 발생 원인은 한마디로 우리 국민 전체의 부정과 비

리의 악순환의 의식구조라고 할 수 있을 것이다.

먼저 세월호 선박 근무자들은 승객의 승선 시 초과 인원을 점검하였는가를 살펴야 했다. 또한 해양수산부, 해경, 지자체 등 행정관청은 초과 승객을 하선시키는 등 사고 발생의 예방조치를 하고, 더 기본적으로는 선박 소유자는 외국으로부터 선박 구입이나 국내 건조 시 선박 기계의 원만한 작동이나 사고 발생 가능성의 예방조치를 타진하는 등 제반 조치를 취해야 했다. 선박 소유자와 선장 등 선박 관련자들은 자신의 경제적 이익을 추구하기 위하여 선박의 안전운행에 관하여는 '나 몰라라' 하면서 선박 운행의 완만한 규제를 담보하는 조건으로 국회의원들에게 로비자금을 제공하는 것으로 안전조치를 필하고, 해수부·해경·지자체 등은 조그만 경제적 이권만 주면 감시·감독을 면제해주고, 선박 수리를 책임지는 기술자들은 선박을 완전 수리하면 수리 기회의 감소로 이익이 줄어들게 되므로 선박의 안전 운행은 무시한 채 완만하고 일시적인 수리를 계속해 왔던 것이 사실이다.

이와 같이 우리나라는 어느 한 기관이나 한 곳만 썩은 것이 아니라 기업체는 물론 민간 기술자에 이르기까지 외국인들에 의해 회자되는 바와 같이 '대한민국은 부정과 비리의 천국'이라는 표현 그대로 대한민국 모든 국가기관과 그 구성원들이 썩어 문드러져 있다고 할 것이다. 따라서 국회의원과 한국의 지성인을 포함한 국민 모두의 의식 개혁만이 세월호 침몰 사고 등의 올바른 처방 대책이 될 것이다.

자기 목숨 하나를 건지기 위해 300여 명의 어린 학생들의 생명을 버리고 달아난 세월호 선장만이 비난의 대상이 아니라는 데 문제의 심각성이 있는 것이다.

(3) 헌재가 피청구인인 박근혜 전 대통령이 세월호 사건에 관한 생명권 보호 의무와 직책 성실의무 위반에 관하여는 소추 사유가 될 수 없다고 판결하였다. 따라서 헌재는 세월호 7시간을 부각시켜 탄핵을 시도한 새누리당 일부 의원과 더불어민주당 등을 포함한 야당 국회의원의 집단이 대통령을 음해하여 정권을 탈취하려 한다는 음모를 직시하고 '탄핵을 받아야 할 사람은 대통령이 아니라 국회의원들이구나' 하는 판단을 해야만 했다. 국회가 제시한 탄핵 사유는 정상적인 논리적 사고나 법률적인 관점에서 볼 때 도대체 탄핵 사유와는 전혀 무관한 사안이기 때문이다. 세월호 사건은 담당 부서인 국토해양부 장관의 탄핵 사유도 아니라고 할 수 있을 것이다. 국토해양부 장관이 세월호 사건의 보고를 받았다 하더라도 해경이나 국토해양부 기타 지자체 담당 부서에 지시하여 구조에 만전을 기하는 것이 우선적으로 최선의 방책임은 건전한 사고를 가진 사람들의 공통적 사고방식일 것이다.

아직까지도 양복 상의 컬러에 세월호 사건 희생자 추모의 상장으로 노란색 리본을 훈장처럼 달고서 거리를 활보하고 있는 친 세월호 사건 국회의원들은 '내가 바로 세월호 참사의 주범입니다.'라는 사실을 광고하고 있다는 점을 인식하기 바랄 뿐이다. 해양 사고 발생 시 강력한 처벌 법규를 만들지 못하여 세월호 사건의 비극을 연출한 장본인은 바로 그들이라고 해야 할 것이다.

탄핵 심판 청구인인 국회가 세월호 사건에 관한 생명권 보호 의무와 직책 성실의무 위반이라는 소위 세월호 7시간을 탄핵소추 사유로 제시한 것은 국회도 그들이 제시한 사유가 탄핵 사유가 되지는 않으리라 생각했으나 언론을 장악하고 일부 진보적 종편 방송을 통하여 많은 언론인, 전직 국회의원, 정치평론가 등을 매수하여 대통령의 세월호 7시간 행적을 공격하는 패륜적인 행위를 자행하기 위한 '정보의 반복 효과'의 노림수이었을 뿐이다.

(4) 공자의 제자이며 효행으로 유명한 증삼(曾參)이 비(費)라고 하는 고장에 가 있었을 때의 일이다. 때마침 증삼과 동성동명을 가진 사람이 살인을 하였다. 어떤 사람이 증삼의 어머니에게 알렸다.
"증삼이 사람을 죽였습니다."
어머니는 베를 짜고 있었으나, 그 손을 멈추지 않았다. 얼마 뒤에 또 다른 사람이 와서 알려주었다.
"증삼이 살인을 했습니다."
어머니는 여전히 베 짜는 손을 멈추지 않았다. 그런데 얼마 지나서 다른 사람이 또 달려왔다.
"증삼이 사람을 죽였습니다."
어머니는 드디어 베 짜는 도구를 집어 던지고 담을 넘어 도망쳤다.
이 이야기의 말미에 사마천은 이렇게 썼다. "증삼의 현(賢)과 모친의 신(信)으로서도, 세 사람이 이를 의심케 하면 그 모친 또한 두려워한다." 즉, 아들 증삼이 어질다는 것을 어머니가 믿고 있었기 때문에 두 번째 사람이 와서 이를 때까지는 믿지 않았으나 세 번째 사람이 와서 이를 때는 의심하지 않을 수 없어 두려운 나머지 베틀에서 내려와

도망쳤다는 것이다.

따라서 이번 대통령의 탄핵 심판이 대통령의 과실만 인정될 뿐 탄핵 사유가 될 수 없다는 점을 국민이 확신만 했다면 대다수 국민들은 세월호 사건이란 국회가 언론과 공모하여 전직 국회의원, 정치평론가 등 한국의 지성인들을 동원하여 '정보의 반복 효과'를 수단으로 탄핵 인용을 이끌어 낸 정치재판이자 인민 재판이라는 사실을 믿어 의심치 않았을 것이다.

(5) 4.16 세월호 참사 특별조사위원회

1) 세월호 특조위 기능

2014. 4. 16 세월호 참사 특별조사위원회는 세월호 침몰 사고의 진상을 규명하고 안전 사회 건설과 관련된 제도를 개선하며 피해자 지원 대책을 점검하는 업무 등을 수행하기 위하여 설치된 대한민국의 한시적 중앙행정 국가기관이다. 1년 이내에 그 업무를 완료하여야 하나, 필요시 한 차례에 한해 6개월을 연장할 수 있으며, 백서 발간 등의 단순문서 업무를 위해 3개월을 한 차례 더 연장할 수 있다.

설립일 : 2015. 1. 1
해산일 : 2016. 9. 30
직원 : 120명

2) 세월호 특조위의 활동 내용

2015년 1월 시행된 세월호 특별법에 따르면 특조위는 '참사의 발생

원인, 수습 과정, 후속 조치 등의 사실관계 및 책임 소재 등 사고의 진상을 밝히는 것'이 그 역할이다.

특조위는 2015년 9월부터 유족 등의 신청을 받아 총 231개 항목에 대해 조사하겠다고 자체 회의에서 의결했다. 그런데 이 중에서 보고서를 채택하고 조사가 종료된 것은 한 건뿐이다. 2014년 4월 27일 "침몰 당시 세월호는 검·경이 발표한 286톤의 철근이 아닌 410톤의 철근을 싣고 있었고 이 중 일부는 제주 해군기지로 운반됐다."고 한 발표가 전부이며 나머지는 최장 10개월째 '조사 중' 상태다. 이 기간 동안 배정된 예산이 총 151억 원이었다. 그렇다면 국가 세금 총 151억을 가지고 진탕만탕 먹고 마시며 부끄러운 허송세월을 보냈다는 것이다.

세월호 특별법상 위원회 활동 기한은 1년 6개월이다. 해양수산부는 위원회 활동 시점을 법 시행일인 2015년 1월 1일로 보고, 2016년 6월 말에 활동 기한이 끝난다고 해석하고 있었다. 다만, 특조위와 더불어민주당(당시 야당)의 조사 기한 연장 요구를 감안해 최근 "종합보고서·백서 작성과 청산 기간인 2016년 7~12월에도 선체 조사 활동을 보장하겠다."는 절충안을 내놓았다.

이에 대하여 특조위는 "특조위 활동 시작 시점은 예산이 국무회의를 통과한 2015년 8월 4일이고, 종료일은 2017년 2월 3일"이라면서 맞서고 있었다. 그런데 특조위 사람들은 2015년 1~7월 월급까지 소급해 받아 챙긴 상태다. 도무지 앞뒤가 맞지 않는 행동이었.

이제까지 특조위가 조사하겠다는 각종 내용을 살펴보면

▷ 청와대의 대통령 일정
▷ 군의 세월호 참사 당시 미국 군사위성의 세월호 촬영 여부
▷ 해경 또는 정부가 연예인을 동원해 구조·구난의 진실을 왜곡했는지 여부
▷ 단원고의 수학여행 출발 강행 이유·수학여행을 여객선으로 가게 된 이유 등이다.

특조위가 조사하겠다는 내용은 모두 다 누가 보아도 조사할 필요성이 과연 있을까 하는 의구심이 드는 사안일 뿐이다. 특히 조사 내용 중 미국 군사위성의 세월호 촬영 여부 항목을 거론하고 있는 점은 특조위 구성원들의 수준이 얼마나 한심하고 저급한가를 짐작하고도 남음이 있다고 할 것이다. 한국 여객선이 수학여행을 즐기기 위한 학생들을 실어 나르다 침몰했다면 한국이 주도적 입장에서 사고원인을 규명하면 될 일이지 미국을 끌어들여 세월호를 촬영했는지의 여부를 확인한다는 것은 누가 보아도 이런 돈키호테는 없을 것이다.

3) 세월호 참사 당시 대통령의 행적조사 신청의 발단과 정치공작의 필연성 개입

2015년 9월 29일 세월호 유가족 박종대 씨의 조사 신청에서 대통령의 행적조사는 비롯되었다. 박종대 씨는 신청서에서 "세월호 참사 당시 대통령의 행적을 조사해 달라."라고 썼다.

한 특조위 관계자는 "박종대 씨가 가해자를 '박근혜'로 명시하고, 첫 번째 조사 내용으로 '박 대통령의 7시간을 조사해 달라'고 적었다"고 말했다.

야당 및 유가족 측 위원들은 '대통령 조사' 의지를 다시 한번 보였다. 새정치연합(현 더불어민주당)이 추천한 류희인 위원은 "대통령의 당일 행적이 어떠했으며 7시간 동안 어떻게 상황을 보고받고 인식했는지를 아는 것은 이 사건 규명의 기본"이라고 말했다.

세월호 참사 특별조사위원회는 세월호 침몰 사고의 진상을 규명하고 안전 사회건설과 관련된 제도를 개선하며 피해자 지원 대책을 점검하기 위하여 설치된 한시적인 중앙행정 국가기관이다. 그렇다면 안타깝게 목숨을 잃은 300여 명의 학생 등에 대하여 아직 밝혀지지 않은 사고의 진상이 있다면 그것을 규명하고 세월호 유사 사건과 같은 사고가 발생되지 않도록 제도의 개선 대책을 강구하는 것이 세월호 참사 특조위의 주요한 기능이 될 것이라 생각한다.

세월호 유가족 박 씨의 "세월호 참사 당시 대통령의 행적을 조사해 달라" "박 대통령의 7시간을 조사해 달라"는 요구사항은 세월호 침몰과는 전혀 관련이 없기 때문에 거부되어야 할 것이다.

더구나 상기 대통령의 행적조사나 7시간 조사 등은 '대통령은 내란 또는 외환의 죄를 제외하고는 재직 중 형사상의 소추를 받지 않는다'는 헌법상의 규정(제84조)과 상충된다는 점이 명백함을 감안할 때 박 씨와 특정 정파가 주도하는 특조위와의 묵계에 의한 정치공작임에 틀림없다고 할 것이며 박 씨는 이름만 빌려준 것으로 생각된다.

한편 특조위의 상임위원인 박종운 안전 사회 소위원장은 2015년 11월 6일 경기도 안산에서 열린 세월호 관련 포럼에서 "박근혜 대통령은 광화문 네거리에서 사지를 묶어서 능지처참을 당해야 되는 사람중의 하나라고 생각한다."" "박정희 대통령은 부관참시를 당해야 되는 사람이다"라는 언급을 한 유족의 발언이 끝나자, 참석자들을 선동하여 함께 박수를 쳤다.

이 사건도 박근혜 대통령이나 박정희 대통령이 세월호 사건과 특별한 관련이 없음에도 동 특조위원과 세월호 유가족이 묵계 하에 능지처참이나 부관참시라는 심한 욕설을 퍼부으면서 박근혜 대통령의 탄핵을 유도하려는 정치공작으로 판단된다. 박근혜 정권이 특조위 위원들의 '능지처참'이나 '부관참시' 등의 과격한 발언에 대해서까지 그대로 침묵하면서 법적 조치나 정치적 결단을 취하지 않은 것은 보통인의 상식으로도 도저히 이해할 수 없는 행태라 아니할 수 없다.

결론적으로 세월호 사건과 박 대통령의 행적은 특별한 관련이 없다는 사실이 헌법재판소에 의하여 판명된 바 있다. 백 보를 양보해서 세월호 사건과 대통령의 행적이 관계가 있거나 관련성이 있다고 의심이 된다고 하더라도 그것은 정당 간에 정치적인 공격 대상으로 논의될 수는 있을 것이나 세월호 참사 특조위가 관여할 사항은 아니며 세월호 참사의 발생원인, 수습 과정 등의 사실관계 및 사고의 진상을 밝히는 것만이 그 역할이며 의무라고 해야 할 것이다.

또한 세월호 사건은 사망한 분들에 대한 슬픔이나 애석한 심정은 이루 다 말할 수 없지만 학생들이 수학여행을 즐기기 위하여 운행 중 당한 사고일 뿐이며 전쟁이 발생하여 국가를 위하여 싸우다 죽은 전쟁 용사들의 사건이 아니라는 그 성격만은 분명히 인식해야 할 것이다. 그럼에도 불구하고 더불어민주당 문재인 정권의 정치세력과 불순단체들이 세월호 사건을 마치 박근혜 정부가 방관 내지는 축소한 것으로 몰고 가면서 이 나라를 뒤흔들었고 국민들 다수가 이러한 문재인 세력 등에 휩쓸렸다는 것은 국가 장래를 위하여 실로 개탄스러운 일이라 할 것이다.

(6) 이상 진술한 내용의 신뢰성을 부각시키기 위하여 피청구인 박근혜 이외의 전직 대통령 재직 당시 탄핵 심판이 제기되어야 마땅했던 대형 사건들과 피청구인 탄핵 사건과의 괴리(乖離)[1]를 통하여 박근혜 탄핵 심판의 부당성을 도출하는 계기로 삼고자 전직 대통령의 탄핵 사유를 유추해 본다.

1) 전두환 전 대통령

1979년 10월 26일 박정희 전 대통령이 중앙정보부장 김재규에 의해 살해되자 당시 보안사령관인 전두환이 상관인 계엄사령관을 제거하고 실권을 장악하게 되니 이것이 소위 5.17 정변이다.

전두환의 5.17 쿠데타는 평소 자신이 받들던 상관을 제거하고 그 위에 올라선 하극상의 동요이며 민주화를 외치며 저항하던 학생과 시민들을 무참히 살육하고 취득한 권력 찬탈의 유혈 쿠데타였다. 당시 광주항쟁으로 희생된 사상자는 사망자 163명, 행불자 166명, 부상자 3,139명이라는 결과를 초래하였으므로 전두환은 국회로부터 탄핵을

---

[1] 괴리(乖離) : 어그러져 동떨어짐

받기에 충분한 조건이 성숙되었으나 국회는 탄핵소추를 의결하지 않았고 대법원(당시는 헌법재판소의 탄핵 심판 기능을 대법원에서 관장)은 탄핵소추가 없었으므로 탄핵 심판을 하지 않았다.

당시에도 우리 헌법은 대통령 등 법률이 정한 공무원이 그 직무 집행에 있어서 헌법이나 법률을 위배한 때에는 국회는 탄핵의 소추를 결의할 수 있다. (헌법 제65조 제1항) 고 규정하고 있었다.

당시 국회가 전두환 전 대통령에 대하여 탄핵의 소추를 결의하지 않은 것은 과연 정당하였는가?

2) 김영삼 전 대통령

① 김영삼은 1992년 12월 18일 대선에서 제14대 대통령에 당선되었다. 김영삼 정부는 군부 출신의 대통령이 아닌 민간인 최초의 정부라는 의미에서 문민정부로 불리게 되었다.

김영삼은 1996년 4월 11일 실시된 제15대 총선에서 김기섭 안기부 기조실장과 신한국당 사무총장 강삼재에 지시하여 안기부 예산 1,197억을 1996년 총선에서 신한국당 의원 180명 등에게 배포하도록 하여 소위 안풍 사건을 주도하였다.

이때 안기부 예산 1,197억 원을 유용한 하수인인 김기섭은 대법원에서 무죄판결을 받았다. 무죄판결의 근거는 신한국당 의원 180명 등에게 배포된 1,197억 원은 안기부 예산이 아니라 김영삼 대통령 당선 축하금 또는 기업을 상대로 김영삼이 조성한 개인 정치자금을 김기섭에게 맡겨 놓았다가 찾아온 돈이기 때문이라는 것이다. 즉 김영삼의 개인 돈을 신한국당 의원 180명에게 배포했다는 것이다. 국민을 핫바지로 알고 내린 판결임은 두말할 나위가 없다.

안풍 사건을 주도한 김영삼은 탄핵도 받지 않았음은 물론이다. 안풍 사건과 관련한 자금 출처에 대하여는 여당 의원은 물론이지만, 야당 의원이나 국민들도 침묵을 지켰다. 특검하자는 생각도 못 했다.

국회가 김영삼에 대하여 탄핵의 소추를 결의하지 않은 것은 과연 정당했는가?

② 김영삼 정부의 대형 참사 사건

건국 이래 최대의 대형 사건이 발생한 시대는 김영삼의 문민정부 시대이다. 땅에서, 바다에서 그리고 지하에서 사건이 쉴 새 없이 터져 16건의 중·대형 사고가 발생했으나 몇 가지만 살펴보자.

* 1993. 10. 10. 전북 부안군 위도에서 서해 페리호 침몰 사고로 292명이 사망
* 1995. 4. 28. 대구 지하철 공사장 폭발 사고로 102명이 사망하고 117명이 부상
* 1995. 6. 29. 서울 삼풍백화점 붕괴로 502명이 사망
* 1997. 8. 6. 괌에서 KAL 801 비행기 추락사고로 228명이 사망

이때 김영삼은 7시간이 아니라 70시간이 지나도록 사건 현장에 얼굴조차 내밀지 아니했다. 국회가 김영삼에 대하여 탄핵의 소추를 결의하지 않은 것은 과연 정당하였는가?

③ 김영삼의 아들 국정농단 및 수뢰사건

김영삼은 정부 취임 초 장·차관 임명 시 안기부 기조실장 겸 차장으로 김무성 의원을 임명했다가 그의 아들 김현철로부터 김기섭으로 교체 임명하라는 압력을 받고 교체임명 하는 해프닝을 연출한 바 있다. 그 후 김현철은 부장과 차장으로부터 업무보고를 받고 안기부 권력을 장악하며 국정을 농단하였다. 이때 국회는 탄핵 소추를 하지 않고 침묵을 지켰다.

1997년 2월 김영삼의 아들 김현철은 한보철강으로부터 2,000억 원의 뇌물 수수 및 권력남용 혐의로 체포된 바 있다. 최서원(최순실의 본명)의 수뢰보다 더욱 방대하였다.

당시 국회가 김영삼에 대하여 탄핵의 소추를 결의하지 않은 것은 과연 정당하였는가?

3) 김대중 전 대통령

① 김대중은 1997년 12월 18일 대선에서 제15대 대통령에 당선되었다.

김대중은 집권하자 북한과 햇볕정책을 추진하였다. 햇볕정책은 한마디로 북한에 협력과 지원을 함으로써 평화적인 통일을 목적으로 하는 정책이다.

더불어민주당 진영 의원실 자료(2010. 10. 2. 대북 지원 금액과 통일비용 문제의 실상)에 의하면 김대중은 북한에 2조 7,028억을 지원하였고 현대를 사주하여 북한에 대북 사업권 구입을 위해 5억 달러를 송금토록 하였으며 이 중 1억 달러가 정상회담 대가로 포함되어 있는 것은 국민의 공분을 사기에 충분하며 국회는 탄핵소추 결의를 해야만 했다.

2010. 10. 2. 대북지원금액과 통일비용 문제의 실상

역대 정부별 대북지원 금액

구분		김영삼 정부	김대중 정부	노무현 정부	이명박 정부	계
식량차관 (운송비 등 무상)		-	2,024억원 (91억원)	5,817억원 (752억원)	- (43억원)	7,842억원 (886억원)
양곡관리특별회계		-	6,518억원	1조 8,588억원	-	2조 5,106억원
자재장비 차관 (운송비 등 무상)		-	306억원 (17억원)	1,161억원 (230억원)	28억원 (1억원)	1,494억원 (248억원)
경공업 차관 (운송비 등 무상)		-	-	649억원 (45억원)	98억원 (20억원)	747억원 (65억원)
경수로 차관 (공자금기금 이자부담금)		-	9,271억원 (1,207억원)	4,474억원 (4,285억원)	- (480억원)	1조 3,744억원 (5,972억원)
개성공단관리위 대출		-	-	330억원	95억원	425억원
인도적 지원 (무상)		2,070억원	3,626억원	8,238억원	235억원	1조 4,169억원
왕래등 사회문화교류 (무상)	이산가족	-	66억원	563억원	98억원	727억원
	인적왕래 사회문화	-	264억원	385억원	52억원	701억원
교류협력 기반조성 (무상)	개성공단 지원	-	-	1,544억원	190억원	1,734억원
	기타 기반	-	1,395억원	4,996억원	395억원	6,786억원
민간지원		196억원	2,243억원	4,721억원	378억원	7,538억원
총계		2,266억원 (2.6%)	2조 7,028억원 (30.6%)	5조 6,777억원 (64.4%)	2,113억원 (2.4%)	8조 8,184억원 (100%)

자료 : '진영' 더불어민주당 의원실 제공

정부의 연도별 대북 식량 지원 현황

단위 : 억원

연도	지원 내용	지원 방식	지원 금액
1995	국내산 쌀 15만 톤	무상	1,854
2000	외국산 쌀 30만 톤 중국산 옥수수 20만 톤	차관	1,057
2002	국내산 쌀 40만 톤	차관	1,510
2003	국내산 쌀 40만 톤	차관	1,510
2004	국내산 쌀 10만 톤 외국산 쌀 30만 톤	차관	1,359
2005	국내산 쌀 40만 톤 외국산 쌀 10만 톤	차관	1,787
2006	국내산 쌀 10만 톤	무상	394
2007	국내산 쌀 15만 톤 외국산 쌀 25만 톤	차관	1,505
합계	쌀 265만 톤, 옥수수 20만 톤		1조 976

자료 통일부

국가 간 정상회담을 하는데 그 비용을 기업체를 통하여 부담케 하는 것은 윤리적인 측면에서 있을 수 없으며 또한 일방이 돈을 제공하면서 정상회담을 구걸하는 국가가 이 지구상에서 있을 수 없기 때문에 서글픔과 통탄을 금할 수 없는 일이다.

햇볕정책에 따른 북한에 대한 경제적 지원은 북한의 핵 개발 자금을 조성하는 계기가 된 것은 확실하고, 북한의 핵 개발은 지금까지 우리 국가와 국민에게 멍에를 씌우고 고통과 상처가 되고 있다.

오죽했으면 오랫동안 김대중의 팬이었던 전남 목포 출신의 김지하 시인도 2014년 12월 초 MBN과의 TV 인터뷰를 통해「김대중이 대통령이 되는데 헌신했지만, 대통령이 된 후 국민의 혈세를 김정일에게 갖다 바쳐 핵폭탄을 만들게 될 줄을 누가 알았겠습니까?」라고 말한 바 있다. 그분의 TV 인터뷰 내용에 공감한다면 국민들은 김대중의 행적을 반면교사(反面敎師)로 삼아 국가를 지켜야 할 것이다.

② 2002년 6월 29일 제2연평해전이 발발하자 햇볕정책이 북한의 무력도발을 막지 못했다는 비난 여론이 비등하였다. 제1연평해전(1999년 6월 15일) 이후 김대중이 선제공격을 하지 말라는 교전수칙을 지시했기 때문에 제2연평해전에 국군 피해가 컸다는 증언이 있었다고 한다.

2002년 6월 29일 한·일 월드컵 중반기에 제2연평해전이 발발하여 국군 6명이 전사하였음에도 국가안전보장회의를 4시간 35분 만에 개최했다. 국군 통수권자인 김대중의 주재로 열린 국가안전보장회의(NSC)는 우발적 충돌로 결론지었고, 같은 내용의 북한 통지문이 오자 그대로 수용했다. 제2연평해전 발발 다음 날인 30일 김대중은 월드컵 경기가 열리는 일본으로 출국하여 결승전 경기를 관람했고 사망자 영안실과 부상당한 해군들이 입원해 있던 국군수도병원은 박지원 비서실장만 보냈다. 이러한 김대중의 행보에 대해선 정부는 남북 관계의 원만한 유지를 위해서였다는 한심한 주장을 하였다.

그렇다면 남북 관계의 원만한 유지를 위해서는 대한민국의 숭고한 6명의 병사가 희생되어도 좋다는 말인가? 남북 관계의 원만한 유지로 인하여 보호할 대상자는 대한민국 병사도 아니고 국민도 아니라면 도대체 누구란 말인가?
당시 국회가 김대중에 대하여 탄핵의 소추를 결의하지 않은 것은 과연 정당하였는가?

③ 남·북 정상회담이 성사되도록 주관한 것은 정몽헌의 현대그룹이었다. 정몽헌은 정상회담 성사에 따른 이익을 노렸겠지만, 그에 따른 부담만 고스란히 떠안았다. 2000년 상반기 6개월 동안 북한 정권은 현대로부터 5억 달러를 뜯어갔다.
김대중 정권은 처음에는 1억 달러를 정부가 부담하기로 했다가 국회의 동의 등 복잡한 절차를 피할 목적으로 결국 현대로 하여금 정상회담 개최 비용 전부를 부담하게 했다. 정상회담도 주선하고 경비도 부담하게 된 정몽헌의 현대그룹을 등친 것은 김대중 정권의 실세들이었다는 것이 대북 불법 송금 사건에 대한 특검 및 중수부 수사 기록의 주장이다.

이 기록에 의하면 야당 의원 박 모 씨는 150억 원, 원외 의원 권 모 씨는 200억 원을 정몽헌 씨로부터 받아갔다는 것이다.

대북사업에 편의를 봐주겠다며 추가로 권 씨가 3,000만 달러를 요구하자 정몽헌은 "권 씨가 요구한 대로 3,000만 달러를 스위스 은행에 송금했다"고 진술한 후 자살했다. 지금까지 수사로 확인된 것만도 약 700억 원이 김대중 정권의 실세들에게 들어갔다.

현대그룹 정몽헌은 남북 정상회담과 관련하여 남북한에 약 7,000억 원을 뜯긴 것으로 추정된다. (조갑제의 김대중의 정체, 250쪽 참조)

김대중이 정몽헌의 자살관여죄의 정범이라고 한다면 국회가 김대중에 대하여 탄핵소추를 결의하지 않은 것은 과연 정당하였는가?

(7) 국민의당 박주선 의원과 김영환 전 의원(현 충청북도지사)은 박 대통령에 대한 탄핵소추는 있을 수 없으며 이를 계속 추진하는 것은 대통령의 권한을 강탈하려는 행위라고 주장하였다.

국회 무용론이 제기되고 있는 현시점에서 자신의 위험을 감수하면서까지 정당하고 의협적(義俠的)인 발언을 한다는 것은 아직까지 국회에도 5% 이내의 훌륭한 인격과 도덕을 겸비한 국회의원이 있다는 반증(反證)이라 할 것이며 다행스러운 일로서 실로 존경해 마지않는다.

4. 피청구인의 최서원에 대한 국정 개입 허용과 권한 남용 여부

〈헌재 인용 사례 1〉

「피청구인에게 보고되는 서류는 대부분 부속 비서관 정호성이 피청구인에게 전달하였는데, 정호성은 2013년 1월경부터 2016년 4월경까지 각종 인사자료, 국무회의 자료, 대통령 해외 순방 일정과 미국 국무부 장관 접견 자료 등 공무상 비밀을 담고 있는 문건을 최서원에 전달하였습니다.」는 내용이다.

〈문제점 검토〉

부속 비서관 정호성이 피청구인인 대통령에게 각종 인사자료, 국무회의 자료, 대통령 해외순방 일정과 미국 국무부 장관 접견 자료 등의 문건을 대통령에게 전달하고 난 후, 최서원에게도 전달하였다는 것인지, 대통령에게 전달하면서 최서원에게도 동시에 전달하였다는 것인지, 문맥상 표시되어 있지 않지만, 상식적인 판단에 의할 때 전자로 보는 것이 타당할 것이다.
  여하튼 헌재(憲裁)는 국가공무원법상의 비밀엄수의무(제60조)에 의거할 때 대통령의 지시 또는 방치에 따라 직무상 비밀에 해당하는 많은 문건이 최서원에게 유출되었기 때문에 피청구인인 대통령은 비밀엄수의무를 위배했다는 것이다.

그러나 범죄란 법 조문상 범죄 구성요건에 해당한다고 해서 바로 범죄가 성립할 수 없고 위법성과 책임성까지 구비되어야 하는 것이다. 그러므로 최서원의 능력이 특출하여 청와대 비서관과 상의하는 것보다 대통령의 정책적 결단에 더 큰 도움을 줄 수 있다는 확신이 있고, 또한 그러한 도움이 비밀엄수보다도 국가정책에 더 큰 이익을 가져올 수 있다면, 위법성 조각 사유나 책임조각사유에 해당되어 비밀엄수 의무를 위배했다고는 할 수 없을 것이다.

비밀이란 객관적·일반적 입장에서 외부에 알리지 않는 것이 국가에 상당한 이익이 되는 사항이라고 할 것이다. 만일 외부에 알려지는 비밀의 정도가 피청구인의 정책적 결단에 도움이 되는 사항보다도 아주 적어 거의 문제시되지 않는다고 판단된다면 헌재의 주장대로 피청구인이 적극적으로 지시 또는 소극적인 방치에 따라 직무상 비밀에 해당하는 문건이 최서원에게 유출되었다고 생각되지는 않을 것이다.

일반적으로 상식을 가진 사람은 자기의 비밀을 적극적으로 알리지 않으려 하거나 소극적인 방치를 하여 남에게 알려지는 것을 원치 않을 것이다. 그렇다면 피청구인인 대통령도 부속 비서관인 정호성이 자신의 적극적인 지시가 없거나 침묵하고 있는 경우에는 최서원에게 비밀에 해당되지 않는 일부 문서 등을 전달해 주었을 것이라고 생각할 것이다. 다시 말하면 피청구인의 주관적 구성요건으로 비밀누설의 고의가 없었다는 것이다. 그러나 헌재는 피청구인인 대통령이 "최서원에게는 모든 국가기밀을 전달해 주고 내가 실수로 말을 하지 않을 때에는 부속 비서관이 알아서 전달해 주라."는 식으로 판단하고 있으나 이것은 너무 지나친 해석임은 다언을 요하지 않을 것이다. 대통령을 정상적인 보통인보다도 못한 사람으로 판단하고 있기 때문이다.

물론 특검은 그렇게 수사할 수도 있을 것이다. 그러나 수사란 수사기관의 생각일 뿐이므로 헌재가 수사 내용을 그대로 믿을 수는 없는 것이며 믿어서도 안 되는 것이다.

한편 비밀엄수의무의 주체는 공무원 또는 공무원이었던 자이나 일반직 공무원이나 대통령을 법 앞에 평등하다는 입장만으로 동일하게 국가공무원법의 비밀엄수의무 위배라고 단정하기는 어렵다고 본다. 왜냐하면 일반 공무원의 경우에는 비밀엄수의무 위배라는 판단이 쉽게 도출될 수 있지만 피청구인인 대통령은 국가 원수로서 입법, 행정, 사법을 통틀어 대한민국 제1인자의 위치에 자리매김한다고 판단할 때 비밀과 국가 이익은 통치권적 차원에서 재단되어야 하기 때문이다.

통치권적 차원이란 비밀과 국가이익의 형량이고 비밀문서 유출이 일부의 유출인가, 경미한 비밀의 유출인가 등의 종합적 고찰이 필요할 것이다. 따라서 국가의 비밀문서가 일부의 유출이고 경미하고 피상적인 비밀의 유출로서 (예컨대 피청구인의 미국국무부 장관 접견 일시) 신문 등 방송매체에 보도되지 않았기 때문에 비밀문서로 분류된 문서일 뿐인 경우에는 일반 국민이 알아도 비난의 정도가 크지 않을 것이다. 따라서 부속 비서관 정호성의 책임 여부만 논란의 여지가 있을 것이며 피청구인인 본인의 비밀엄수의무 위배는 물어서는 안 될 것이므로 헌재의 피청구인에 대한 국가공무원법상 비밀엄수의무 위배는 부당하다고 할 것이다. 왜냐하면 대통령의 행위에 대한 판단은 법이 아니라 정치적인 판단 대상이라고 생각되기 때문이다.

따진다면 대통령의 한 마디 한 마디가 비밀 아닌 것이 어디 있을까마는 이제까지 역대 대통령 중 비밀엄수의무 위배로 문제 된 적이 없었다는 점을 상기한다면 법률상 현직 대통령의 비밀엄수의무를 따지고 문제 삼는 것 자체가 법률적으로나 정치적으로 웃기는 일이 아닐 수 없다 할 것이다.

〈헌재 인용 사례 2〉

「최서원은 그 문건을 보고 이에 관한 의견을 주거나 내용을 수정하기도 하였고, 피청구인의 일정을 조정하는 등 직무 활동에 관여하기도 하였습니다. 또한, 최서원은 공직 후보자를 추천하기도 하였는데, 그중 일부는 최서원의 이권 추구를 도왔습니다.」

피청구인은 최서원으로부터 케이디코퍼레이션이라는 자동차 부품회사의 대기업 납품을 부탁받고 안종범을 시켜 현대자동차 그룹에 거래를 부탁하였습니다.

피청구인은 안종범에게 문화와 체육 관련 재단법인을 설립하라는 지시를 하여, 대기업들로부터 486억 원을 출연받아 재단법인 미르, 288억 원을 출연받아 재단법인 케이스포츠를 설립하게 하였습니다.

그러나 두 재단법인의 임직원 임면, 사업 추진, 자금 집행, 업무 지시 등 운영에 관한 의사결정은 피청구인과 최서원이 하였고, 재단법인에 출연한 기업들은 전혀 관여하지 못했습니다.

최서원은 미르가 설립되기 직전에 광고회사인 플레이그라운드를 설립하여 운영했습니다. 최서원은 자신이 추천한 임원을 통해 미르를 장악하고 자신의 회사인 플레이그라운드와 용역계약을 체결하도록 하여 이익을 취하였습니다.

그리고 최서원의 요청에 따라, 피청구인은 안종범을 통해 케이티에 특정인 2명을 채용하게 한 뒤 광고 관련 업무를 담당하도록 요구하였습니다. 그 뒤 플레이그라운드는 케이티의 광고대행사로 선정되어 케이티로부터 68억여 원에 이르는 광고를 수주했습니다.

또 안종범은 피청구인 지시로 현대자동차그룹에 플레이그라운드 소개 자료를 전달했고, 현대와 기아자동차는 신생 광고회사인 플레이그라운드에 9억여 원에 달하는 광고를 발주했습니다.」는 내용이다.

〈문제점 검토〉

인용 사례 2는 7단락으로 구분되어 있으나 내용의 핵심은 부속 비서관 정호성이 피청구인에게 전달한 내용을 최서원에게도 전달했다는 기술을 반복하면서 최서원이 전달된 내용을 수정하여 피청구인에게 보고했다는 것과 피청구인의 지시를 받은 전 청와대 안종범 수석이 피청구인과 각별한 친교 관계를 유지하고 있는 최서원과 피청구인의 교량 역할을 수행함으로써 최서원의 이권 추구를 도와주었다는 것이다.

피청구인은 2016년 10월 25일 최초 대국민 담화에서 최서원과의 관계에 대하여 오랜 세월 동안 친숙한 관계를 유지하여 왔다는 사실을 공개한 바 있다. 피청구인이 최서원과 친숙하고 신뢰할 수 있는 관계라면 최서원이 공직 후보자를 추천할 때는 피청구인이 대통령인가의 여부를 불문하고 부탁받은 공직 후보 대상자가 능력 있는 사람이라면 당연히 배려해 주어야 하는 것이 인간으로서의 최소한의 도리라고 해야 할 것이다.

제일 먼저, 헌재가 "최서원이 자신에게 전달된 청와대 문건을 수정하여 대통령에게 보고함으로써 피청구인이 일정을 조정하는 등 직무 활동에 관여하기도 하였다"고 하는 판단 내용을 살펴볼 때 이는 헌재가 대통령이 꼭두각시처럼 최서원에게 놀아났다는 비난을 하려는 것으로 보이나 양인의 관계를 너무 단순하고 도식적인 인간관계로 이해하고 있는 것으로 보인다.

아무리 친숙한 인간관계라 하더라도 – 부자지간이라 하더라도 – 상대방이 결정한 것을 취소나 철회하려면 상대방의 눈치나 기분 등을 살펴보면서 관여하는 것이 우리네 삶의 보통 양상이라고 할 수 있을 것이다. 기초자치단체나 사조직체에서도 참모나 하급 직원들이 그 장(長)에 대하여 조언이나 의견이 있어도 몇 번 생각한 후 개진하고 그것을 받아들이는 쪽에서도 그대로 채택하지 않는 것이 일반적인 현상일 것이다.

그렇다면 국가원수인 대통령이 친분 관계로 맺어진 지인의 조종에 따라 이미 결정된 일정을 오전에서 오후로 돌리거나, 오후에서 오전으로 앞당기는 등 꼭두각시처럼 행동한다는 것은 건전한 일반인의 상식으로는 상상하기 어려울 것이다. 피청구인이 최서원의 조언을 참고는 하였을 것이라 짐작은 되지만 본질적으로는 헌재가 특검의 수사 의견을 여과 없이 인용한 것으로 판단된다.

그다음에, 헌재는 피청구인이 최서원으로부터 케이디코퍼레이션이라는 자동차 부품회사의 대기업 납품을 부탁받고 안종범을 시켜 현대자동차 그룹에 거래를 부탁하였다고 한다.

또한 피청구인은 안종범에게 문화와 체육 관련 재단법인을 설립하라고 지시를 하여 대기업들로부터 486억 원을 출연받아 재단법인 미르, 288억 원을 출연받아 재단법인 케이스포츠를 설립하도록 하였다고 헌재는 주장하고 있다.

헌재는 이러한 피청구인인 대통령의 행위는 최서원의 이익을 위해 대통령의 지위와 권한을 남용한 것으로써 공정(公正)한 직무수행(職務遂行)이라고 할 수 없으며 헌법·국가공무원법·공직자 윤리법 등을 위반한 것이며, 한편 재단법인 미르와 케이스포츠를 설립하도록 함으로써 기업의 재산권을 침해하였을 뿐만 아니라 기업경영(企業經

營)의 자유를 침해하였다고 판단하였다.

생각건대 인간의 사회생활은 중소기업체 사장만 되어도 관련 납품업체(納品業體)와 긴밀하게 협조하고 서로 간 공생(共生)하기 위하여 부단한 유대관계를 유지하고 있는 것이 그 속성(屬性)이고 특징이라 할 것이다. 원래 인간은 사회적 동물이므로 혼자서 살 수 없다는 성질에 따라 당연한 이치이겠지만 내가 남을 도와주고 타인으로부터 도움을 받는다는 상부상조(相扶相助)의 정신에 입각할 때 서로 간에 도움이 되기 때문일 것이다.

중소기업체와 납품업체 간의 관계가 그러할진대 대기업체와 납품업체 간의 상호관계는 더 이상 설명이 필요하지 않을 것이다.

이와 같이 기업체 간에도 인간의 사회생활은 상호 간 도움을 주고받으면서 살고 있는 것이 일반적인 양상이라면 국가의 최고 정책결정권자인 대통령도 개인으로 따지고 보면 한 사람에 불과하므로 대인관계에서는 부탁을 주고받는, 인간의 속성을 지니고 있는 당사자 간의 상대방에 불과하다고 할 것이다. 따라서 기업체 상호 간의 관계에서와 같이 최서원이라는 여인과 친숙한 인간관계를 유지하고 있었으므로 최서원이 부탁하는 것을 들어주고 또 최서원에게 인간적인 부탁도 하였을 것이라고 생각된다. 만일 피청구인이 대통령이라는 이유만으로 최서원과 각별한 친교관계가 있음에도 최서원의 부탁을 거절하고 상대해 주지 않았다면 도덕적으로는 오히려 대통령이기 이전에 한 사람의 비정한 인간으로 매도(罵倒)될 수 있었을 것이다.

피청구인도 보통의 사람들이 부탁을 서로 주고받는 관계를 형성하는 것과 같이 친숙한 관계를 유지하고 있던 최서원이 부탁하는 것을 안종범을 시켜 현대자동차 그룹에 거래를 부탁하였던 것이다.

그러나 최서원은 사기범이었고 피청구인은 최서원이 희대(稀代)의 사기범인 줄을 몰랐다는 데 문제가 있었던 것이다. 헌재는 이러한 피청구인의 인간적이고 윤리적인 과실 행위에 대하여 피청구인은 최서원의 이익을 위해 대통령의 지위와 권한을 남용한 것으로써 공정한 직무수행이라고 할 수 없는 반국가적인 범죄행위라고 비난을 퍼부으며 헌법·국가공무원법·공직자윤리법 등을 위반한 것이라고 판단하였다. 우리는 피청구인에 대한 헌재의 이러한 판단은 대통령이라는 지위 이전에 대통령의 인간으로서의 기본적인 감정이나 도리를 모르는 몰가치적이고 맹목적인 것이라고 해석할 수밖에 없을 것이다.

일반 공무원도 그 지위와 권한을 남용(濫用)한 경우에 중과실(重過失)이 없다면 그 처벌이 감경되거나 면제될 수도 있다. 그렇다면 국가원수(國家元首)인 대통령이 오랜 세월 동안 친숙한 인간관계를 맺어 왔던 최서원에게 속아 그녀의 실제적 가치와 인격 이상으로 대접하고 경제적 이권을 취득케 하였다고 하며 이 과실(過失)만으로 피청구인인 대통령이 최서원의 이익을 위하여 대통령의 지위와 권한을 남용한 것이라는 판단은 전혀 논리가 맞지 않는다고 할 것이다.

왜냐하면 피청구인은 친교관계를 유지하고 있던 최서원이 오직 자신의 사사로운 욕망을 충족(充足)시키기 위한 목적만을 가지고 접근하는 줄을 모르고 친교 관계(親交關係)가 있는 최서원을 현대자동차 그룹에 소개하였기 때문이다. 이러한 피청구인의 행위는 최서원이라는 지인에 대한 인간적인 도리를 하기 위한 미덕으로 생각할 수 있을 것이다.

따라서 피청구인은 오히려 국가원수라는 지위에 있음에도 불구하고 일반 공무원과 동일한 감정을 가지고 있으며 인간관계를 소중히 여기면서 공정(公正)한 직무수행과 인간관계를 동시에 배려하는 미덕(美德)을 가지고 있다고 해석해야 할 것이다.

원래 형법은 죄의 성립 요소인 사실을 인식(認識)하지 못하고 한 행위는 특별한 규정이 있는 경우에만 처벌하도록 하고 있다. 즉 고의범(故意犯)만 원칙적으로 처벌하고 과실범(過失犯)은 예외적으로 규정이 있을 때만 처벌할 뿐이다. 그러나 민사법 기타 법률에서는 과실이 있는 경우에도 손해배상을 해야 하지만 고의가 있는 경우보다는 일반적으로 경하게 취급한다는 점을 생각해 보면 법은 고의적으로 범죄행위를 한 자는 중하게, 과실로 범죄행위를 한 자는 경하게 처벌하는 것이 일반적 상식이라 할 것이다.

따라서 희대(稀代)의 사기범인 줄을 모르고 피청구인이 최서원에게 속아서 일부 인사를 공직에 임명하고, 최서원의 자동차 부품회사의 대기업 납품(納品)을 부탁받고 안종범을 통하여 현대자동차 그룹에 거래를 부탁한 사실 등 일부 과실이 발견되기는 하나 전술한 김영삼, 김대중 전 대통령들의 고의적인 범죄행위와 비교한다면 성질과 차원(次元)[2] 다르며 그야말로 조족지혈(鳥足之血)이라고 표현해도 부족할 것이다.

물론 그렇다고 피청구인의 행위가 떳떳하고 부끄럼이 없는 행위라고 할 수는 없지만 인간관계에서 믿음을 준 자로부터 배신을 당한다면 그 누구도 속을 수밖에 없는 서글픔이고 인간의 한계로서 탄핵 사유와는 전혀 관계가 없는 작은 과실이라고 할 것이다.

한편 피청구인이 안종범을 통하여 대기업들로부터 자금을 출연받아 재단법인 미르와 케이스포츠를 설립하도록 함으로써 기업의 재산권을 침해(侵害)하였을 뿐만 아니라 기업경영(企業經營)의 자유를 침해하였다는 헌재의 판단을 살펴보고자 한다.

주지하는 바와 같이 재단법인(財團法人)이란 일정한 목적을 위하여 바쳐진 재산 즉 재단(財團)이 실체를 이루는 법인이다. 사단법인(社團法人)과는 달리 사원이나 사원총회는 없고 정관에 따라 이사가 의사결정이나 업무 집행 및 대외적으로 법인을 대표하는 일을 행한다. 재단법인은 종교·자선·학술 그 밖의 영리 아닌 사업을 목적으로 하는 것에 한하여 인정되며 사립학교, 의료법인 등에 그 예가 많다.

그럼에도 불구하고 헌재는 재단법인 미르와 케이스포츠에 대한 구체적인 범죄구성요건의 적시도 없이 막연하게 대기업으로부터 486억 원과 288억 원을 출연(出捐)받았다는 사실만으로 피청구인이 기업의 재산권(財産權)을 침해하였을 뿐만 아니라 기업경영(企業經營)

---

[2] 次元 : 서로 바꾸어 질 수 없는 성질의 상호관계

의 자유를 침해했다고 판단하였다.

 피청구인은 비영리사업을 목적으로 하여 미르와 케이스포츠라는 재단법인을 설립하여 국가 경제를 발전시키고 국민 전체의 삶의 질을 제고(提高)하기 위한 것이라 주장하고 있으며, 이는 대통령으로서 당연히 추구해야 할 정책적 결단(決斷)이라고 해야 할 것이다. 따라서 피청구인이 비영리사업을 목적으로 미르와 케이스포츠라는 재단법인을 설립하였다는 자체만으로 최서원의 이권 개입에 도움을 주었다는 사실은 올바른 판단이 아니고, 피청구인의 요구에 의하여 미르와 케이스포츠에 재산을 출연(出捐)한 기업체인 삼성 등이 대가관계(對價關係) 없이 출연하였다는 주장에서도 기업경영의 자유를 침해하였다는 판단은 특검(特檢)만의 생각이고 헌재의 오판(誤判)일 뿐이다.
 그 근거로 원래 재단법인은 이익을 추구하기 위한 목적으로 설립되는 것이 아니라는 이유는 차치(且置)하고 대통령과 접촉하는 그 어떤 기업체가 "우리 기업은 대통령께서 요구하는 재단법인 설립이 투자 가치가 없다고 생각되므로 투자할 의향이 없습니다."라고 말할 수 있단 말인가!

 오히려 대통령인 피청구인의 재단법인 설립 제의를 거부하기는커녕 피청구인과 접촉하는 기회를 오랫동안 유지하기 위한 수단으로 기업체가 더 적극적으로 투자하려고 할 것임은 어느 기업체라 할지라도 공통적인 현상일 것이다. 따라서 이러한 현상은 도덕적으로나 인간의 실생활 영역에서 전혀 비난받아야 할 일이 아니며 누구나 사람의 공통적인 심리를 반영(反映)한 결과라고 해야 할 것이다.

 물론 헌재(憲裁)는 이러한 인간의 보편적인 심리 현상을 무시하면서 헌재의 증명력의 행위 대상에 대한 판단은 자유심증주의(自由心證主義)에 입각하여 오직 헌법과 양심(良心)에 따라 심판하였다고 주장할 것이나, 그 양심은 황혼의 들녘에 서 있는 힘없는 인간 박근혜에 대하여 반정부 정치세력이 주장하는 윤리적·정치적인 양심이 아니라 대통령 박근혜의 작은 과실에 대하여 비난을 가할 수 없다는 법률적 양심이어야 할 것이다.

 헌재(憲裁)는 박근혜의 작은 과실이 통치권의 통제 대상에서 충분히 소화될 수 있다는 사실을 분명히 알고 있었음에도 불구하고 박근혜의 반대쪽 정치세력의 입장에서 법관으로서의 양심을 내던지고 말았던 것임을 우리는 잘 알고 있다.

 그러므로 우리는 피청구인이 비영리사업을 목적으로 미르와 케이스포츠라는 재단법인을 설립한 것은 국가의 문화·체육 발전과 국민 전체의 삶의 질을 제고하기 위한 것이고, 기업이 동 재단법인에 재산을 출연한 것은 피청구인인 대통령의 요구를 차마 거절할 수 없었기 때문이 아니라 그들 기업(企業)의 적극적이고 자발적인 의사에 의한 투자(投資)였다고 할 것이다. 따라서 기업의 재산권이나 경영의 자유를 침해한 일이 없으며, 기업 경영의 합리화(合理化)라고 감히 주장하면서 헌재(憲裁)의 판결을 강력히 규탄하지 않을 수 없는 것이다.

〈헌재 인용 사례 3〉

「한편, 최서원은 케이스포츠 설립 하루 전에 더블루케이를 설립하여 운영했습니다. 최서원은 노승일과 박헌영을 케이스포츠의 직원으로 채용하여 더블루케이와 업무협약을 체결하도록 했습니다.

피청구인은 안종범을 통하여 그랜드코리아레저와 포스코가 스포츠팀을 창단하도록 하고 더블루케이가 스포츠팀의 소속 선수 에이전트나 운영을 맡기도록 하였습니다.

최서원은 문화체육관광부 제2차관 김종을 통해 지역 스포츠클럽 전면 개편에 대한 문화체육관광부 내부 문건을 전달받아, 케이스포츠가 이에 관여하여 더블루케이가 이득을 취할 방안을 마련했습니다.

또 피청구인은 롯데그룹 회장을 독대하여 5대 거점 체육 인재 육성사업과 관련해 하남시에 체육시설을 건립하려고 하니 자금을 지원해 달라고 요구하여 롯데는 케이스포츠에 70억 원을 송금했습니다.」라는 내용이다.

〈문제적 검토〉

인용 사례 3도 4단락으로 구분되어 있으나 내용의 핵심은 인용 사례 2와 비슷하다. 즉 통상 회사 운영의 최대목표는 이윤의 극대화인데 더블루케이와 케이스포츠를 설립하여 운영하던 최서원은 자신과 각별한 친교 관계를 유지하고 있는 피청구인에게 부탁, 안종범을 통하여 그랜드코리아레저와 포스코가 더블루케이에 스포츠팀의 소속 선수 에이전트(계약 및 비즈니스에 대한 대리인)나 운영을 맡기도록 하여 이권을 취득함으로써 결국 피청구인이 인용 사례 2에서 기술한 바와 같이 대통령의 지위와 권한을 남용하였다는 것이다.

또한 피청구인은 롯데그룹 회장을 독대하여 하남시에 체육시설을 건립하려 하니 자금 지원을 요구하여 롯데로 하여금 케이스포츠에 70억 원을 송금하게 했다는 내용이다.

더블루케이와 케이스포츠를 설립하는 데 관여한 기관은 문화체육관광부라는 국가기관이므로 피청구인이 최서원의 이익만을 위해서나 또는 최서원과 경제공동체를 구성하여 설립하는 것은 불가능할 것이다. 따라서 피청구인은 최서원의 이권 개입에 철저히 속은 것으로 볼 수밖에 없다.

결론적으로 최서원은 피청구인과 친교 관계를 유지하고 있는 점을 기화(奇貨)로 피청구인을 통하여 경제적 이익을 꾀하였다는 것이나 그 방법이 정치적 이익을 자신의 경제적 이익으로 바꾸어 사취했다는 사실이며 거기에 피청구인이 이용되었다는 것이다. 그러나 비유하자면 보이스피싱에 전문가도 사기를 당할 수 있는 것과 같이 피청구인도 인간의 한계를 벗어날 수 없다는 점이 인정될 수 있다면 헌재가 피청구인의 행위를 최서원의 이익을 위해 대통령의 지위와 권한을 남용하였다는 판단은 근거 없는 논리의 비약이라 할 것이다.

5. 피청구인의 법 위반 행위가 파면할 만큼 중대한지 여부

〈헌재 인용 사례〉

헌재는 피청구인의 법 위반 행위가 파면할 만큼 중대하였는가에 대하여 긍정하면서 중대한 사유를 세 가지로 제시하고 있다.

첫째로 대통령은 공무 수행 시에는 업무를 투명하게 공개하여 국민의 평가를 받아야 함에도 불구하고 최서원의 국정 개입 사실을 철저히 숨겼고 이로 인하여 국회 등 헌법기관에 의한 견제나 언론에 의한 감시 장치가 제대로 작동될 수 없었다고 한다.

둘째로 피청구인은 미르와 케이스포츠 설립, 플레이그라운드와 더블루케이 및 케이디코퍼레이션 지원 등과 같은 최서원의 사익 추구에 관여하고 지원하였으며 피청구인의 헌법과 법률 위배 행위는 재임 기간 전반에 걸쳐 지속적으로 이루어졌고 국회와 언론의 지적에도 불구하고 사실을 은폐하고 관련자를 단속해 왔는바 이러한 피청구인의 위헌·위법행위는 대의민주제 원리와 법치주의 정신을 훼손한 것이라고 한다.

셋째로 피청구인은 대국민 담화에서 진상규명에 최대한 협조하겠다고 하였으나 정작 검찰과 특별검사의 조사에 응하지 않았고, 청와대에 대한 압수수색도 거부하였는바 이러한 피청구인의 일련의 언행을 보면, 법 위배 행위가 반복되지 않도록 할 헌법수호 의지가 드러나지 않으므로 피청구인을 파면함으로써 얻는 헌법 수호의 이익이 큰 것이라 한다.

〈문제점 검토〉

(1) 첫째, 중대 파면 사유에서 대통령의 공무수행을 투명하게 공개하여 국민의 평가를 받지 않았다는 사실과 최서원의 국정 개입 사실이 철저히 숨겨져 국회의 견제나 언론에 의한 감시 장치가 작동될 수 없었다는 사실이다.

먼저 박 전 대통령이 공무를 투명하게 공개하지 않았다는 사실을 살펴보자.

대통령의 업무 중 사생활을 포함한 일부 업무를 제외하고는 모두 공무라고 볼 수 있을 것이다. 그렇다면 피청구인인 대통령이 수행하는 모든 공무를 투명하게 공개한다면 본인도 피곤함은 물론이고 국민도 듣고 싶지 않은 부분이 있을 것이다. 따라서 대통령은 공무 수행 시 중요하고 국민이 알아야 할 사항은 투명하게 공개해야 할 것이고, 대통령이 잘못 판단하여 국민이 알아야 할 중요한 공무 사항을 공개하지 않은 경우에는 정치적 책임을 지고 반성을 촉구하는 계기로 삼는 것이 보통일 것이다.

피청구인의 문제를 살피기 전에 일반적인 사람들의 대인관계를 한번 살펴본다면 사람들은 너나 할 것 없이 로빈슨크루소와 같이 무인도에서 생활하지 않는 한 부모·형제, 친척, 친지 등과 무수한 인간관계를 유지하며 생활하는 것이 보통이며 그러한 인간관계를 유지하는 대상자 상호 간의 관계가 인간관계가 없는 쪽보다는 정서적으로 가깝다는 것이 인지상정이라 하겠다. 부모·형제와는 태어날 때부터 운명적으로 결합되어 있지만 부모가 없는 사람은 가까운 친지 등과 친교를 유지하면서 친해질 수밖에 없다. 따라서 그런 대상자들과 서로 간 부탁을 주고받기도 하고 그것이 지나치면 사고가 발생하여 문제가 생길 수도 있다. 이번 박 대통령과 최서원의 문제도 인간관계의 일환이라고 볼 수 있을 것이다.

그런데 사람 대 사람의 친소관계는 남에게 알려서 좋을 수도 있지만 남에게 알리고 싶지 않을 때가 있는 것처럼 피청구인도 대국민 공개 사과 발언을 통하여 최서원과의 친숙한 관계를 유지해 오고 있었다는 사실을 실토한 현시점에서 더 이상 공개할 내용도 없을 것이고 기분도 들지 않았을 것이다.

그럼에도 불구하고 헌재는 최서원이 피청구인과 친숙한 관계를 이용하여 국정을 농단하면서 자신의 이익을 꾀하는 것을 피청구인은 알면서도 숨겼다고 주장하고 있다.

생각해 보건대 우리 주변의 일반 사회생활에서도 보통의 사람이라면 자기가 믿고 신뢰하는 사람이 자신을 배반하고 위해(危害)를 가하려는 의중을 파악한다면 경계를 하면서 그를 멀리하는 것이 당연한 처세의 기본일 것이다. 그렇다면 국가의 대통령인 피청구인도 최서원이 희대(稀代)의 사기범이고 대통령을 위험에 빠뜨리고 있다는 사실을 정말로 알고만 있었다면 청와대의 참모나 수사기관을 동원하여서라도 피청구인과 접촉을 차단하였을 것은 분명할 것으로 생각된다. 물론 대통령인 피청구인이 최서원에게 사기 당하였다는 점은 부끄럽기 그지없는 모습이지만 그렇다고 손바닥으로 하늘을 가릴 수는 없기 때문에 국민들에게 공개하고 새로운 정책을 개발하면서 과실을 상계하면 그만일 것이다.

그리고 피청구인의 과실이 다른 전임 대통령들처럼 수조 원에 달하는 국민의 혈세(血稅)를 국민에게 말 한마디 없이 북한에 가져다주어 핵폭탄을 만들어 마침내 우리 국가와 국민에게 지울 수 없는 상처와 한을 남기었거나, 일부 대통령의 아들들처럼 수천억 원의 뇌물을 받은 고의범도 아니기 때문에 피청구인은 최서원의 사기행각(詐欺行脚)을 몰랐다는 사실을 충분히 입증할 명분이 있는 것은 물론이지만 설령 입증을 못 한다 하더라도 그 자체로 대통령의 공적을 모두 상쇄(相殺)시킬 사건은 아니라고 할 것이다.

따라서 헌재가 "피청구인은 최서원이 이익을 꾀하는 것을 알고 있으면서도 숨겼다"고 하는 주장은 특검의 수사 의견을 무책임하게 인용(認容)한 것으로밖에는 볼 수 없다고 할 것이다.

한편, 피청구인은 최서원과 개인적으로는 친숙하였으나 최서원이 정식 참모도 아니므로 그녀를 국민들에게 공개할 이유가 없다 할 것이다. 다만 최서원이 피청구인의 마음을 헤아려 정책적 보조를 잘하기 때문에 피청구인이 최서원의 정책적 보조를 적극적으로 수용하였을 뿐이었다.

따라서 피청구인이 대통령으로 국민에게 업무를 투명하게 공개해야 할 의무가 있다는 이유만으로 "최서원은 청와대 참모가 아님에도 청와대 참모 이상의 능력을 가지고 있는 자로서 국정에 협력을 하고 있습니다."라고 공표할 이유나 필요는 없을 것이라 판단된다고 할 것이다.

다음으로, 피청구인이 최서원의 국정 개입 사실을 철저히 숨겨 국회 등 언론기관에 의한 견제나 언론에 의한 감시 장치가 작동될 수 없었다는 점에 대하여 검토해 보겠다.

결론적으로, 최서원의 국정농단을 피청구인이 숨김으로 인하여 국회나 언론에 의한 감시 장치가 제대로 작동될 수 없었다고 하는 헌재의 주장도 일반인의 합리적 판단으로는 납득이 가지 않는다. 국회나 언론은 대통령 등 모든 기관을 대상으로 필요 이상 감시 장치가 작동되고 있으며 특히 더불어민주당과 언론이 전직 야당 의원, 변호사, 대학교수, 시사평론가 등의 반정부 인사와 합세하여 필요 이상 감시 장치가 작동되고 있었으며 오히려 국회나 언론은 필요 이상의 과도한 감시 작용으로 감시받아야 할 기관으로 전락(轉落)되고 있다 할 것이다.

(2) 둘째, 중대한 파면 사유로 피청구인은 최서원의 사익 추구에 관여하고 지원하였다는 것이다. 피청구인이 최서원의 사익 추구에 관여하고 지원하였다는 것은 안종범, 김종, 정호성 등의 진술이나 그들이 소지했던 압수 목록에 의하여 확인된 것이라 하나, 그들이 기록한 압수 목록 물은 피청구인의 지시를 그대로 적을 수도 있지만 가감된 것도 있을 수 있고, 수사 과정에서 자신의 범죄를 축소시키기 위해 거

짓 자백 등도 있을 수 있으므로 그대로 믿을 수는 없을 것이다.

또한 그들의 진술이나 압수 목록 물을 모두 인정한다 해도 대통령의 탄핵 사유로서 전술한 김영삼, 김대중 전 대통령의 탄핵 사유와 비교한다면 최서원의 사익 추구를 지원하였다는 사실 자체만으로는 너무 빈약하고 비중이 약하다는 점이다.

한편 헌재는 피청구인의 헌법과 법률 위배행위는 재임 기간 전반에 걸쳐 지속적으로 이루어졌고 피청구인은 국회와 언론의 지적에도 불구하고 사실을 은폐하고 관련자 최서원을 단속해 왔다는 것이다.
헌법재판소는 피청구인인 대통령이 최서원에게 속아 경제적으로 최서원을 지원해 준 것이 재임 기간 전반에 걸쳐 지속적으로 이루어졌다고 주장하는 망발을 퍼부어 댔다. 중소 기업체나 대기업체 사장이 친숙한 관계에 있는 지인을 경제적으로 한두 번 도와주어도 사장 임기 내에 그 지인을 계속적으로 도와준다고 비난만을 받을 수는 없는 것이 인간관계의 현실이라고 할 것이다. 그런데 하물며 대통령이 재임 기간 중 한두 번 최서원을 도와준 것이 헌법과 법률에 위반될 소지가 있으므로 거기에 대해 정치적으로 책임지며 반성을 촉구하는 계기로 삼아야 할 것이라고 표현한다면 모를까, 대통령이 재임 기간 전반에 걸쳐 정사를 내팽개치고 최서원만 지속적으로 도와주었다는 언동은 실로 국제적인 전대미문(前代未聞)의 대사건이고, 떠오르는 정치세력인 더불어민주당에 대한 공포감이자 아첨이라고 할 수밖에 없을 것이다.

한편 피청구인의 위헌·위법행위는 대의민주제 원리와 법치주의 정신을 훼손한 것이라고 한다. 대의민주제란 주권자인 국민이 국가의 사나 국가정책을 직접 결정하지 않고 대표자인 국회의원을 선출하여 그들로 하여금 국민을 대신하여 국가의사나 국가정책 등을 결정하게 하는 통치구조의 구성 원리를 말한다. 국민주권의 원리를 구현하기 위한 이상적인 제도는 주권자와 통치권자가 동일체라야 한다는 직접민주제라고 할 수 있겠지만 현실적인 여건으로 말미암아 대부분의 현대 국가는 간접민주제인 대의 민주제를 채택하고 있다.

헌재가 피청구인의 위헌·위법 행위는 대의민주제 원리와 법치주의 정신을 훼손한 것이라고 표현한 것은 도저히 이해할 수 없다. 우리나라 실정으로 국회는 이념상으로 국민의 뜻을 대표한다고 하지만 실질적으로 국회를 구성하고 있는 국회의원들이 오히려 국민의 뜻에 반하여 위헌·위법 행위를 일삼아 왔으며 정부의 발목을 잡아 국가정책 실현을 지연시키는 반정부 행위를 해온 것도 사실이다.

대의민주제란 이미 언급한 대로 현대 민주국가가 직접민주제를 실현할 수 없으므로 규정된 이름일 뿐이다. 즉 국회의원들이 국민의 의사를 왜곡하여 잘못된 정책을 실현케 한 후 국회가 국민의 대표기관이라는 이름을 빙자하여 법치주의 정신을 훼손하고 자신들의 위헌·위법행위나 비행을 합리화하기 위한 수단으로 변질되어 왔다고 보아야 할 것이다. 그렇다면 헌재의 이러한 피청구인의 위헌·위법행위라는 포괄적 표현은 탄핵 심판의 소추자인 국회의 소추 의사에 구색을 맞추기 위한 의도로 해석할 수밖에 없을 것이다.

(3) 셋째, 중대한 파면 사유는 피청구인이 대국민 담화에서 진상규명에 최대한 협조하겠다고 하였으나 검찰과 특별검사의 조사에 응하지 않았고 청와대에 대한 압수수색도 거부하였다는 것이다.

검찰권을 행사하는 검사는 사법권과 밀접한 관계를 가지고 형사법의 공정을 기하기 위해 사법권의 독립 정신이 검사제도에 준용되어 준사법관의 지위를 가진다고는 하나 기본적으로는 법무부 장관의 행정지휘를 받는 행정 공무원이다. 특별검사란 고위 공직자의 비리나 위법 혐의가 있을 때 독자적으로 수사를 할 수 있는 독립 수사 기구이다. 국회가 대한변호사협회에 특검 추천을 의뢰하면 변협이 2명의 후보를 선정하고 대통령이 임명한다.

하위직 검사들이 검찰총장이나 헌법재판소의 하위직 법관이 헌법재판소장의 비위가 있다는 혐의만으로 조직의 절차를 무시하고 마음대로 조사할 수 있다면 이는 국가 조직상 하극상의 동요를 용인하고 선동하는 것과 다를 것이 없을 것이다. 국가 공조직을 포함한 모든 조직에는 체계가 있고 질서가 있는 것이다. 상하의 명령체계는 준수되어야 하고 상하의 윤리나 존경심은 인정되어야 할 것이다.

청와대가 무엇인가. 대한민국의 권력의 핵심이며 상징이다. 그런 기구를 피청구인이 대국민 담화에서 진상규명에 최대한 협조하겠다는 심정을 발표하였다는 사실만 가지고 헌법수호 의지가 없다는 식으로 매도하는 것은 헌재가 국회 - 힘 있는 야당 국회의원인 - 의 탄핵소추를 적극 지지하겠다는 의사표시에 불과하다고 할 수밖에 없을 것이다.

결국 헌재가 판단한 세 번째 주장은 저물어 가는 박근혜 정권에 대하여 적극적인 비난과 공격을 가하는 특검과 여론에 편승하여 대통령 축출을 가속화하려는 정치투쟁의 인민재판이라고밖에 달리 표현할 길이 없을 것이다. 더 구체적으로 표현한다면 탄핵 기각과 탄핵 인용의 세력 판도는 어느 쪽이 규모가 더 컸는지는 평가자에 따라 달리 해석되겠지만 헌재는 탄핵 인용 세력이 압도적 다수이므로 탄핵 인용 세력에 줄을 서야만 여론의 비난 화살을 피해 갈 것이라 예상하고 다수의 정치세력에 줄을 서는 정치적 판단을 한 것으로 보인다. 현직 대통령에 대한 적극적인 비난과 공격을 가하는 특검과 검찰이 현직 대통령에 대하여 수사를 한다는 것이 가능하며 수사하겠다는 의지의 표명을 어떻게 해석해야 할까?

현행 헌법상 "대통령은 내란 또는 외환의 죄를 범한 경우를 제외하고는 재직 중 형사상의 소추를 받지 아니한다."고 규정하고 있다. (헌법 제84조) 동 조항의 해석에 대하여 대통령에 대한 소추는 할 수 없으나 수사는 가능하다는 논리를 전개하는 일부 주장자와 그 추종자들이 있으나 소추 즉 공소제기는 수사의 목적이고 수사는 공소제기를 하기 위한 수단이므로 공소제기 할 수 없는 수사는 빈껍데기라는 논리에 따라 현직 대통령에 대한 수사는 불가능하다고 생각한다.

한편 현직 대통령에 대한 수사 가능성 여부에 대한 법 규정 유무를 떠나서 국가원수에 대한 수사는 대통령의 지시를 받는 행정 각료인 법무부 장관이나 검찰총장이 사실상 최고위직 책임자라는 행정 절차적 체계에서 볼 때 현실적으로 수사는 불가능하다고 보아야 한다. (구체적인 사건은 검찰총장이 지휘하고 일반적인 검찰 행정은 법무부 장관이 검찰을 지휘하지만, 검찰총장은 법무부 장관의 지시를 받는 지위에 있다.)

따라서 피청구인인 대통령이 검찰과 특검의 조사에 응하지 않았고 청와대에 대한 압수수색도 거부하였으므로 중대한 파면 사유가 되었다는 것은 전혀 설득력이 없는 판단이라고 생각된다. 오히려 검찰과 특검이 적극적으로 현행 헌법상으로 현직 대통령에 대한 수사는 할 수 없으므로 피청구인을 조사할 수 없으며 설사 법률 규정 유무를 불문하고 사실상 수사의 최고위직 책임자가 대통령이 임명하는 검찰총장이므로 행정 절차적 체계에 입각하여 볼 때에도 피청구인 조사와 청와대에 대한 압수수색도 할 수 없으므로 거부하는 것이 솔직한 태도이며 논리성과 인간의 윤리성이 뒷받침된다고 해야 할 것이다.

한편 특검과 검찰이 현직 대통령에 대한 수사는 법률상으로나 사실상으로 불가능함에도 불구하고 피청구인에 대한 적극적인 비난과 공격을 가하면서까지 수사를 하려는 저의(底意)는 무엇일까? 대통령도 한 사람의 국민이므로 죄가 있으면 처벌받아야 한다는 일반적인 정의관 때문일까? 일반적으로 법은 정치의 시녀로 취급되고 검찰은 정치의 지배를 받아 왔고 정치의 지배를 받을 수밖에 없는 것이 사실이다.

그럼에도 불구하고 현직 대통령을 수사한 저의는 최순실 게이트를 둘러싸고 저물어 가는 박근혜 세력을 완전 제거하기 위하여 문재인 세력 집단이 검찰과 함께 연출한 각본이라는 분석이 지배적이라고 생각된다.

6. 일부 헌법재판소 재판관의 보충 의견

(1) 재판관 김이수, 재판관 이진성의 보충 의견

세월호 참사와 관련하여 피청구인은 생명권 보호 의무를 위반하지는 않았지만, 헌법상 직책 수행 의무 및 국가공무원법상 성실의무를 위반하였다는 것이다. 그러나 이 사유만으로는 파면 사유를 구성하기는 어렵지만 미래의 대통령들이 국가 위기 상황에서 직무를 불성실하게 수행하여도 무방하다는 그릇된 인식이 우리의 유산으로 남겨져 수많은 국민의 생명과 안전이 상실되는 불행한 일이 반복되어서는 안 될 것이므로 피청구인의 성실한 직책 수행 의무 위반을 지적한다는 내용이다.

동 재판관들은 피청구인이 헌법상 대통령의 직책수행의무 및 국가공무원법상 성실의무를 위반하였다는 점을 지적하면서 그것이 파면 사유는 아니나 큰 잘못이라는 점을 교훈으로 제시하고 있다.

그러나 피청구인의 헌법상 직책 수행 의무는 다른 공무원의 직무집행과 관련되어 부과되는 의무이기는 하나 직무 자체가 정치적인 성질을 띠고 있기 때문에 다른 공무원의 직무집행과 동일한 성질이나 차원으로 설명하기는 어려울 것으로 판단되며 부당한 지적이라 생각된다.

한편 피청구인이 국가공무원법상 성실의무를 위반하였다는 점에 대하여 살펴보면 성실의무는 공무원이 그 전인격(全人格)과 양심(良心)을 바쳐 공공이익에 충실하여야 하며, 국가의 이익을 도모하고 그 불이익을 방지하여야 하는 것을 내용으로 하는 점에서, 공무원의 의무의 중심을 이루는 것이다.

이 성실의무는 윤리성을 본질로 한다 해도 너무나 추상적인 개념이고 성실의무 위반 여부는 피청구인의 양심의 자유에 속하는 문제이므로 그 위반 여부는 권력의 속성과 깊이 연관되어 있는바 일반 국가공무원법상의 성실의무와 동일한 차원으로 평가될 수 없고 정치적인 차원에서 그 의미나 가치판단이 평가되어야 할 것이므로 부당한 지적이라 할 것이다.

따라서 일부 헌재 재판관들이 세월호 참사와 관련하여 피청구인에게 성실의무 위반 운운하는 의견은 아직도 세월호 참사의 원인이 불량 선박을 운행한 선박소유자와 해수부·해경·지자체의 감시·감독 소홀, 그리고 선박 사고에 대한 강력한 입법 조치를 강구하지 못한 국회의원들에게 그 직접적인 책임이 있다는 사건의 진상조차 파악하지 못하고 있는 한심한 행태로서 실로 무가치하다고 판단할 수밖에 없을 것이다.

(2) 재판관 안창호의 보충 의견

이 사건 탄핵 심판은 보수와 진보라는 이념의 문제가 아니라 헌법질서를 수호하는 문제로 정치적 폐습을 청산하기 위하여 파면 결정을 할 수밖에 없다는 주장이다.

정치적 폐습은 정치인, 주로 국회의원이 풀어야 할 시대적 소명(召

命)이다. 안창호 재판관은 정치적 폐습의 청산 대상자가 누구인가를 전혀 파악을 못하고 있는 것 같다. 그 대상자는 국회의원이지 대통령이 아니기 때문이다. 동 재판관은 사법부 최고의 재판관이므로 헌법재판관이 탄핵소추의 대상이 된다는 것을 두려워 말고 진정 정치적 폐습을 청산하려면 탄핵 사유가 없는 박 대통령에 대하여 파면 결정을 할 것이 아니며 위헌법률 심사를 통하여 국회의원에게 잘못된 법률의 개정을 촉구하고 그것이 시대에 부응하는 국민의 공감대를 형성하도록 여론을 조성해야 할 것으로 본다. 보충 의견은 한 마디로 무가치하다고 판단된다 할 것이다.

7. 헌재의 탄핵인용 결정의 부당성

사람이란 어떤 인물이나 사건을 평가함에 있어서 각자 그 생각이 다를 수 있기 때문에 다른 생각도 존중받을 수 있다는 것이 민주주의의 본질이라고 볼 수 있다.

그런데 박 전 대통령의 탄핵 심판은 2017. 3. 10. 재판관 8명 중 전원의 일치된 의견으로 "피청구인 대통령 박근혜를 파면한다."라고 결정되었다. 헌법 재판관들도 박근혜 탄핵을 찬성하는 촛불집회와 탄핵 기각을 찬성하는 태극기집회의 양분된 모습을 잘 알고 있으며 재판관들 간에도 견해의 대립이 있는 것은 당연하다고 해야 할 것이다. 그럼에도 불구하고 헌법재판관 8명의 일치된 의견으로 박 전 대통령이 파면 결정된 것은 무슨 까닭일까?

태극기 집회 등 보수우파에서는 "박 대통령 탄핵이 기각된다면 혁명이 발발할 것이다."라는 문재인 대통령(당시 문재인 더불어민주당 대통령 후보)의 발언을 필두로 야당 의원과 변호사, 언론인 등 사회 지도층 인사들의 탄핵 기정사실화 언동과 집회는 헌법 재판관들을 공포감으로 몰고 갔다. 따라서 이 발언은 헌재를 겁박하는 발언이자 국민을 무시하는 처사라고 비난받지 않을 수 없다 할 것이다.

당시 촛불집회의 함성은 천지를 뒤흔들 정도로 무서운 세력을 형성하고 있었다. 따라서 아무리 헌법재판관이 헌법과 양심에 따라 탄핵 심판을 하려 해도 정치적인 결과에 따라서 어떻게 처리될지는 아무도 모를 일이었으므로 헌법재판관들이 심리적으로 공포감을 느낀 것은 분명하다는 것이 여론의 일반적 흐름이었다. 집회 종반기에는 촛불집회와 태극기집회 세력의 규모가 비슷하였다. 그러나 태극기 집회의 주도 세력은 60~70대의 노인들과 영세 상공업자, 인터넷을 모르는 소시민들이었으므로 사실 양편의 세력 규모는 판단하기 어렵다고 할 수 있었을 것이다.

우리는 헌법재판소의 2가지 오판을 근거로 헌재를 용서할 수 없으며 강력하게 규탄하고자 한다.

먼저 탄핵 사유에 대한 오판이다.
박근혜 전 대통령이 오랫동안 불통 정치를 해옴으로써 국민과의 소통이 저해되었고 최순실(개명은 최서원임)을 청와대로 끌어들여 최순실에게 이권을 취득케 한 과실이 충분히 인정된다 할 것이다.

그러나 박 전 대통령의 이러한 행위는 최순실에 대한 사기 사건이지 탄핵 심판 사유는 아니라고 할 것이다. 대통령도 하나의 인간이므로 사기도 당할 수 있는 것이고, 다른 사람의 감정이나 환경에 마음을 빼앗기기도 하는 것이다. 특히 대통령이 여자이기 때문에 신뢰 관계로 맺어진 인간관계를 과감하게 청산하지 못하고 「세심한 배려」를 하려 했던 인간적인 미덕이 화를 가져왔다고 할 것이다.

또한 이러한 박 전 대통령의 과실 행위는 김영삼·김대중 전 대통령의 행위와 비교해 본다면 극히 작고 미미한 사건이라고 할 것이다.

김영삼, 김대중 전 대통령에 대한 정치적 비행은 간단히 기술한 바 있다.

둘째 헌재 재판관의 탄핵 인용 및 기각 세력에 대한 오판이다.

헌재는 탄핵을 인용하는 촛불집회 세력이 기각 세력보다 압도적으로 많아 박 전 대통령에 대하여 탄핵 심판을 결정하는 것이 옳다고 생각하고 국민 정서에도 부합된다고 판단한 것으로 보인다.

박 전 대통령에 대한 탄핵 인용과 기각은 헌재의 판결이 정치적인 성격을 전혀 무시할 수는 없으므로 국민 다수의 생각이 무엇인가가 중요한 판단 기준이 되고 있음을 무시할 수는 없을 것이다.

그러나 헌재의 판결이 비록 정치적인 성격을 띠고 있다고는 하지만 헌재가 탄핵을 인용할 것인가 또는 기각할 것인가는 박 전 대통령의 최순실 게이트가 헌법과 법률에 위반되었는가의 여부를 기준으로 하여야지 촛불집회의 탄핵 인용 세력과 태극기집회의 기각 세력 중 어느 세력의 규모가 더 컸는가를 유일한 기준으로만 해서는 안 될 것이다.

또한 헌재는 어느 세력의 규모가 얼마만큼 더 크다는 근거도 제시하지 못하고 막연히 촛불집회 세력이 태극기 집회 세력보다 압도적으로 크다는 것에 근거하여 공포심에 억눌려 탄핵은 인용되어야 한다는 판단을 한 것으로 보이나, 이는 부당하기 짝이 없다고 할 것이다.

그러나 우리는 박 전 대통령이 아무 잘못이 없다는 것은 아닙니다. 박 전 대통령은 오랫동안 혼밥·혼술의 불통 정치를 통하여 정치인과 참모들과의 접촉을 기피함으로써 정무 감각의 부족 현상과 통치 능력의 한계를 드러내고 있었다는 것은 이미 국민들에게 알려져 있다 할 것이다.

그럼에도 불구하고 우리가 헌재를 비판하는 것은 비록 박근혜 전 대통령이 정치적으로는 일부 무능한 점이 있었다고는 하나 국민 51%의 찬성으로 5년간 대통령직을 수행할 권한을 부여받았음에도 헌재가 국민 의사를 무시하고 탄핵 심판을 하였다는 점 때문이다.

참고적으로 촛불집회 세력과 태극기집회 세력의 범위를 구체적으로 산정해 보고자 한다.

촛불집회 세력은 40%(문재인 대통령 선거 시 득표율 41%)이고, 태극기 집회 세력은 친 박근혜 세력 15% 내외와 친북좌파 척결세력 15% 내외로 나누어 볼 수 있을 것이다. 한편 태극기집회 불참 범 보수 세력은 30%이나 이 세력은 태극기집회·보수 세력이 촛불집회·진보 세력보다 약간 많았다는 것이 일반적 여론인 것 같다.

여기서 친북 좌파 척결 세력 15% 내외와 태극기집회 불참 범보수 세력 30%는 촛불집회를 거부하는 세력이므로 촛불집회의 반대 세력이지만 그렇다고 박근혜를 적극적으로 지지하는 세력만은 아니다. 대체적으로 보수 우파 지지 세력이지만 친북 좌파를 적대시하는 세력과 먹고 살기에 급급한 나머지 적극적인 행동을 자제하는 보수 세력이라고 볼 수 있다. 그러므로 태극기집회 불참 범보수 세력은 문재인 후보를 결사반대하는 세력도, 박근혜를 적극적으로 지지하는 세력도 아니므로 항상 변화할 수 있는 부동층이라고 할 수 있을 것이다.

이상과 같은 일반적인 여론과 논리에 의할 때 헌법 재판소(헌재)는 탄핵 사유와 탄핵 인용 및 기각 세력에 대한 오판을 통하여 피청구인 박근혜에 대한 최순실의 사기 사건을 막연히 탄핵 심판 사건으로 판단하였는바 이는 일반적인 여론과 객관적인 논리에 반함은 물론 헌법과 양심을 저버린 행위로서 국가와 국민을 배신한, 반윤리적인 헌재(憲裁:헌법재판소)의 치욕 사건(恥辱 事件)으로 대한민국 역사에 영원히 기록될 것이다.

우리는 마지막으로 박근혜와 문재인 전직 대통령에 대하여 그 정치적·인간적인 성격을 규명하지 않을 수 없다. 양인의 관계에 대하여 한마디로 문재인은 '해코지한 사람' 박근혜는 '해코지 당한 사람'이라고 표현할 수밖에 없을 것이다.

우리가 헌법재판소(헌재)의 탄핵 심판에서 문재인, 박근혜를 거론하는 이유는 헌재의 탄핵 심판의 가장 핵심적·실제적인 결정 요소가 세월호 사건이고 세월호 사건의 총연출자가 문재인이기 때문이다.

역사는 문재인은 자신의 정치적 목적을 달성하기 위하여 인간 박근혜를 해코지한 비정한 인간이고, 박근혜는 정치의 칼날에 심한 상처를 입고 희생된 서글픈 인간이라고 기록할 것이다. 민주당의 정치인 중 혹자는 박근혜는 범죄자이므로 교도소에서 수형생활을 했다고 하나 억울하게 해코지 당한 사람이 범죄자라는 이야기는 들어본 적이 없다. 그러나 해코지한 사람은 범죄자가 틀림없으므로 문재인이 범죄자라는 말은 타당한 이야기라 할 것이다.

저승길 초입, 황혼의 들녘에 서 있는 양인 중 문재인은 자살방조로 사람을 죽게 하고(이재수, 전기무 사령관 형법 제252조 2항) 박근혜를 비롯하여 그의 측근 고위 인사들과 이명박 전 대통령까지 감옥에 보내고, 사람으로서 못 할 짓을 많이 했으므로 가야 할 저승길을 생각만 해도 발걸음이 무거울 것이다.

인간 문재인은 과대망상증 환자인 것은 분명해 보인다. 자신이 마치 염라대왕이나 되는 것처럼 죄 없는 무고한 사람들을 마구 잡아다 옥살이를 시켰으니 생각해 보면 그도 불쌍한 사람이다.

부디 남은 여생을 속죄하며 수도승의 자세로 살기를 바랄 뿐이다.

제2장

주요 시국 관련 사건

1. 세월호 사건

(1) 세월호 개황

세월호 참사 사건은 2014년 4월 16일 인천에서 제주로 향하던 여객선 세월호가 전남 진도 인근 해상에서 침몰하면서 승객 300여 명이 사망, 실종된 대형 참사 사건이다.

2014년 4월 15일 인천 연안여객터미널을 출발, 제주로 향하던 여객선 세월호(청해진 해운 소속)는 4월 16일 전남 진도군 병풍도 앞 인근 해상에서 침몰하여 수백 명의 사망·실종자를 발생시켰다. 이 사고로 탑승객 476명 가운데 174명만이 생존했고, 300여 명이 넘는 사망·실종자가 발생하였다. 세월호에는 제주도로 수학여행을 떠난 안산 단원고 2학년 학생 324명의 피해가 엄청나게 컸다.

검경합동수사본부는 2014년 5월 세월호의 침몰 원인에 대해

▷ 화물 과적, 고박(賣船)6) 불량

▷ 무리한 선체 증축

▷ 조타수의 운전미숙

등이라고 발표했고, 유병언 회장에 대한 수사는 유 회장의 도피로 난항을 거듭했고, 그해 7월 말 유 회장의 시신이 발견되면서 유 회장에 대한 수사는 그해 8월 '공소권 없음'으로 종결됐다.

세월호에 대한 수색작업은 2014년 11월 11일 종료되면서 사망자는 295명, 미수습자는 9명으로 확인되었다. 유족들은 세월호의 조속한 인양을 요구했으나 공식 인양 결정은 2015년 4월 22일에 확정되고 해양수산부는 동일자에 세월호 선체 인양 방침을 공식 발표하였다.

정부는 2016년 7월까지 인양을 완료하겠다는 입장을 밝혔지만, 인양 작업은 기술과 비용 문제 등으로 지연되다가 2017년 3월 22일에야 이루어졌고 동년 4월 11일 육상 거치 작업이 완료됐다. 세월호 참사가 발생한 지 1,091일 만에 인양 작업이 완료되는 것이다.

세월호 육상 거치가 완료됨에 따라 앞으로 미수습자 9명을 찾기 위한 수습·수색 체제로 전환되며 세월호 선체 조사위원회의 세월호 사고 진상 규명도 함께 진행된다.

(2) 세월호 사건의 원인과 성격

우리 국민들은 세월호 사건을 정당이나 국민에 따라 달리 해석하고 어떤 사람은 일어나서는 안 되는 대형 사건이라 생각하는가 하면 또 다른 사람은 우리 주변에서 흔히 발생할 수 있는 비극적인 사건 등으로 해석하기도 한다. 그러나 우리는 세월호 사건의 진상을 정확히 파악하는 것이 중요하다고 생각한다. 세월호 사건이란 한마디로 해상 재난 사고로 발생된 사건이고 전쟁 사건이나 내란 사건은 아니라는 것이다. 즉 세월호 사건은 국가를 방위하기 위하여 전쟁에 동원된 병사들이 국가를 위하여 희생된 영웅적 사건이 아니고 단순히 수학여행을 즐기기 위하여 여행을 떠났다가 해상에서 배가 침몰하여 발생된 비극적 사건일 뿐이라는 성격을 가지고 있다고 할 것이다. 또한 사건 자체가 고의에 의해서 발생된 것이 아니고 과실에 의해서 발생된 범죄 사건일 뿐이다.

김영삼 정부 시절 중 대형 사건들이 16개나 발생하였으며 몇 가지만 열거해 보면 다음과 같다.

▷ 1993. 10. 10. 전북 부안군 위도에서 서해 페리호 침몰 사고로 292명이 사망.
▷ 1995. 4. 28. 대구지하철공사장 폭발 사고로 102명이 사망하고, 117명이 부상.
▷ 1995. 6. 30. 서울 삼풍백화점 붕괴로 502명이 사망.
▷ 1997. 8. 6. 괌에서 KAL 801 비행기 추락으로 228명이 사망.

세월호 사건이나 김영삼 정부 시절 사망·실종자 사건은 모두 슬픈 역사적 사건이지만 어느 사건이 슬픔이 더하고 덜하다고 할 수 없을 것이다.

세월호 침몰의 발생 원인이나 김영삼 정부 시절 서해 페리호 침몰 사고나 삼풍백화점 붕괴 사건 등의 발생 원인은 한마디로 우리 국민 전체의 부정과 비리의 악순환의 의식구조라고 할 수 있을 것이다.

그런데 세월호 참사 사건의 결과는 지금까지도 당사자를 비롯하여 유가족은 물론 국민들에게 미치는 슬픔이나 파급효과는 엄청나다고 하겠지만, 관련자 처벌 등을 둘러싸고 조사 대상이나 조사 범위 기타 조사 기간 등에 있어서 많은 문제점이 있다고 생각하는 사람들이 있으며 야당(현재의 여당)은 여당(현재의 야당)이나 박근혜 정부를 공격하는 명분으로 삼으면서 정치적인 투쟁을 전개해 왔던 양상은 국민들을 실망시켜 왔다고 할 것이다. 단순한 해상사건을 정치적인 사건으로 비화시켜 왔기 때문이다.

세월호 사건의 원인을 요약하자면 해양수산부, 해양경찰, 지방자치단체 등 유관 행정관청이 초과 승객을 승선(承船)시킨 점, 선박 소유자가 외국으로부터 선박 구입이나 국내 건조 시 선박의 사고 발생 가능성의 예방조치를 타진하지 않은 점 기타 선장 등 선박 관련자들의 선박 운행에 필요한 안전조치를 취하지 않은 점이라고 할 수 있을 것이다.

세월호 사건의 원인을 정확히 파악하고 그 원인을 제거하는 작업을 철저히만 한다면 더 이상 세월호와 같은 사건의 수습은 필요하지 않을 것이므로 세월호 참사 사고의 원인을 분석하여 유사 사건의 예방 대책을 강구해야 할 것이며 반대당과 정부를 공격하는 무기나 명분으로 삼지 말아야 한다는 점을 교훈으로 삼아야 할 것이다.

(3) 승객 구조절차의 문제점

기술한 바와 같이 세월호 사건은 해수부 등 유관 행정관청과 선장 등 선박 관련자들의 선박 운행에 필요한 안전조치를 취하지 않은 점에 대해서만 조사한다면 세월호 사건 발생의 원인은 밝혀지겠지만 향후 제2, 제3의 세월호 사건이 발생되지 않으리라고 그 누구도 장담할 수 없을 것이다. 따라서 세월호 사건과 유사한 사건의 발생 가능성을 원천적으로 봉쇄하기 위하여 세월호 사건에서 승객 구조절차와 그 문제점들을 살펴보는 것이 필요할 것이다.

1) 해경(海警)이 공개한 동영상

2014년 4월 28일 해경이 세월호 침몰 당시 찍은 동영상 49개 9분 45초 분량을 공개한 바 있다. 이 동영상은 사고 당일 현장에 처음 도착한 경비정 123정이 2014년 4월 16일 오전 9시 28분부터 11시 17분까지 찍은 동영상의 상황이 담겨 있다. 이 동영상은 해경이 합동수사본부에 기제출한 영상이라 공개를 보류하다가 영상을 숨긴다는 의혹이 있어 공개했으며 동영상을 설명하는 기자회견을 가졌다.

김경일 123호(100t급 경비정) 정장[3]은 "도착하자마자 승객 총원 하선하라. 바다로 뛰어내리라"는 퇴선 명령[4]을 수차례 했다. 경비정은 오전 9시 38분 고무보트 한 대를 띄워 세월호 선미(船尾:배의 뒤쪽) 측에서 구조 작업을 시작했다. 해경 2명이 세월호 갑판에 올라가 구조를 요청하는 선원을 돕는 모습도 보였다. 그러나 선실 내로 진입하지는 않았다. 배 밖으로 나왔거나 물에 뛰어든 승객만 구하는 데 집중하였을 뿐이다.

이에 대하여 해경은 "상황실로부터 배에 400~500명이 있다는 얘기를 들었다. 선체에 올라가려 했으나 사람들이 많이 내려오므로 이들부터 먼저 구조했다"고 했다. 또한 "한 대원에게 조타실까지 올라가 승객 대피를 지시하라고 했으나, 경사가 심해 조타실 진입에 실패했다"고 하였다. 동영상에서 세월호는 10시 39분쯤 선수(船首) 부분만 남긴 채 완전히 침몰했다.

동영상을 본 전문가들은 "해경의 초기 대응이 문제가 있다"고 지적하였는바 지적되는 점은 대피방송이 가장 중요한 핵심 사항이었다.

---

3) 정장 : 해경의 소형 경비정 선장(보통 경위나 경감이 선장이 된다.)
4) 퇴선 명령 : 퇴선은 선박이 더 이상 항해를 할 수 없는 상황에 빠졌거나 선박이 위험에 처해 있을 때 선박을 이탈하는 상황을 말한다. 현행법에는 퇴선 명령의 권한이 누구에게 있는지는 명시적인 조항이 없으나 법조계와 해운업계에서는 선박안전법 31조에 규정된 선장의 포괄적인 권한 중 퇴선 명령도 포함하는 것으로 보고 있다.

즉 "우선 해경이 조타실에 들어가 승객들에게 갑판으로 대피하라는 방송을 하고, 대피할 수 있는 사람에게 위급상황을 알려야 했다"고 안타까움을 금하지 못했다.

해경은 인명 구조의 기본 절차를 간과한 채 배에서 나오는 사람만 구조하다가 더 많은 인원을 구조하지 못한 결과를 가져왔다.

  2) 승객 구조 절차의 주체, 방법
    ① 해상사고에서 가장 중요한 사항은 사고를 당하여 생사의 기로에서 있는 승객을 구조할 주체가 누구인가 하는 점과 그 방법이 타당하고 효과적인가 하는 점이라고 할 수 있을 것이다.

세월호 사건에서는 안전행정부가 중앙재난안전대책본부였다. 또한 중앙안전 대책본부 외에 해양수산부 장관을 본부장으로 하는 사고수습 본부, 국무총리가 본부장인 범부처 사고 대책본부가 꾸려졌다. 중앙의 컨트롤타워만 3곳이다 보니 현장의 해양경찰청은 세 곳에 보고하느라 시간만 허비했다.

안행부가 주축인 중앙재난안전대책본부는 세월호 침몰 사고 때 '통계집합소'의 역할만 수행했었다.

이제까지 재난 사고 발생 시 중앙부처는 현장에서 건네받은 통계나 집계하고, 현장에서는 상부에 보고하기 위해 시간만 허비하는 것이 재난 컨트롤타워의 현주소였다.

어떤 전문가는 대통령 경호실에 컨트롤 타워를 둘 필요가 있다고 주장하기도 하나 컨트롤타워를 청와대에 둘 경우 오히려 재난이 보고의 우선순위에 밀려 인명구조는 실효를 거둘 수 없다고 할 것이므로 전혀 설득력이 없는 주장이라 할 것이다.

따라서 재난이 발생하면 자치단체장을 중심으로 현장에서 초기대응을 하되 세월호 침몰 사고와 같은 해난사고의 경우에는 전문성을 강화하여 해양경찰청과 해양수산부가 공동으로 대응하는 구조 절차의 주체가 되어 승객 구조 행위에 최선을 다해야 할 것이다. 중앙의 행정부처는 현장에서 요청하는 사안을 지원하는 업무만 담당토록 해야 할 것이다.

② 그다음에 중요한 것이 승객 구조절차의 방법이다.

사고 당일 오전 9시 30분 현장에 제일 먼저 도착한 해경은 배 밖으로 나와 적극적으로 구조를 기다리는 승객만 구조하는 데 집중했다. 선내로 들어가거나 선내 방송을 통해 승객들에게 갑판으로 나오라고 알려야 했는데 그렇게 하지 않았다. 이런 초기 대응을 살펴볼 때 해경은 여객선이 침몰하는 상황을 훈련해 본 적이 없다고 할 수 있을 것이다.

따라서 승객 구조절차의 방법은 구체적인 사고 발생의 상황을 가상하며 대처방안을 강구하면서 전문가를 양성하는 방법을 모색해야 할 것이다. 즉 승객 구조 절차의 방법은 유형적(類型的)·일반적으로 제시하는 이외에 구체적 사건까지도 상정하여 대처방안을 강구할 수밖에 없을 것이다.

한편 해상 사고 등에 대비하여 구조절차를 수행할 전문가 양성의 책임도 자치단체, 해경 및 해수부가 담당해야 할 것이며 중앙행정기관은 자치단체 등의 요구에 따른 지원 업무만 담당하도록 해야 할 것이다.

3) 세월호 사건의 등의 수습 및 예방 대책

세월호 침몰 이후 초기 구조 작업을 비롯하여 사고 대책본부 운영, 사망자 등 사고 수습까지 모든 대응이 부진하였다. 2014년 4월 28일 오후 10시까지 파악된 바로는 탑승 476명, 구조 174명, 사망 189명, 실종 113명이었다. 그 후 수색작업에 따라 2014년 11월 11일 사망자는 295명, 미수습자는 9명으로 확인되었다.

세월호 참사 사건이 일반 해상 사건이나 공항 사건과 다른 점은 사망자가 분명히 밝혀지지 않았다는 점이다.

1〉 여·야는 2014. 5. 29 세월호 침몰 사고 진상규명을 위한 국정조사 특별위원회 활동을 2014년 6월 2일부터 8월 30일까지 90일간 하기로 합의했다. 여·야가 합의한 세월호 국정조사특위 활동 내용은 아래와 같다.

① 여·야가 합의한 세월호 국정조사특위 활동

조사	원인 및 책임 소재 규명
	선원 탈출 경위 및 안전조치 여부
	정부관계 부처의 초기 신고 사항 대응 적절성 재난 대응 시스템 점검
	해경, 해군 등 관련 기관의 탑승자 구조 과정에서 드러난 문제 및 수색 과정 문제점

범위	해수부, 해경, 한국해운조합, 한국선급 업무 적절성 여부
	피해지역, 피해자 가족에 대한 정부 지원 적절성 및 후속대책
	재난 관리체계 점검 및 제도개선
	언론보도 적절성
	청해진해운 운영자의 불법 해상 운영으로 발생한 문제점 및 유병언 일가 불법행위
조사 대상	청와대(비서실), 국무총리실, 국정원, 감사원, 방통위, 국방부, 교육부, 안행부, 해수부, 해경, 복지부, 고용노동부, 법무부, 경찰청, 진도군, 안산시, 경기교육청, KBS, MBC, 한국해운조합, 한국선급
조사 기간	2014년 6월 2일~8월 30일(90일간)

    그런데 여·야가 합의한 세월호 국정조사 특위 과정에서 이상한 느낌이 감지되었다. 특위의 핵심 쟁점은 세월호 참사 직후 정부의 초동 대응 과정에 대한 진상규명이 될 전망이라는 것이다. 세월호가 참사 당일 침몰 사실을 제주VTS[5]를 통해 알린 오전 9시 5분부터 배가 침몰한 오전 10시 17분까지 초동대응과 이후 72시간의 골든타임 동안 정부 대응 시스템을 상세히 파헤칠 것으로 보인다. 이를 위해서 해양경찰청은 물론이고 청와대와 국가정보원 등 정부의 보고 및 지휘체계에 대한 진상규명과 문책이 뒤따를 것으로 예상되고 있다 한다.

---

5) VTS(Vessel Traffic Service) : 해상교통관제센터. 해상교통의 안전을 책임지는 센터.

야권은 특히 정부의 재난 컨트롤타워 역할을 담당한 청와대 비서실을 정조준하고 있다. 새정치민주연합 박영선 원내대표는 2014년 5월 27일 원내 대책 회의에서 "세월호 참사 이후 김기춘 비서실장은 매일 수석비서관 회의를 주재하면서 청와대의 사실상 상황실장 역할을 했다"며 "골든타임 72시간의 초동대처, 사후 수습 실패에 대한 최종 책임이 누구에게 있는지 국민들은 알고 싶어 한다고 했다.

특히 야권은 조사 과정에서 '정권의 2인자'인 김 비서실장을 출석시켜 사퇴를 요구할 수 있어 새누리당의 반발이 예상된다.

여야가 합의한 조사 대상 기관에는 청와대 안보실과 국정원도 포함됐다. 그러나 이미 경질된 김장수 전 청와대 안보실장과 남재준 전 국정원장은 현재 기관장이 아니므로 후임이 특위에 출석할 것으로 예상된다. 세월호 특조위가 조사할 대상 기관도 너무나 확대되어 무엇을 조사해야 할지 판단하기 어렵다고 할 것이다. 세월호 사건의 원인 및 책임 소재를 규명하여 그 자료를 경찰 등 수사기관에 넘겨주는 것으로 만족하고 세월호 특조위가 지켜야 할 분수를 인식하면서 국민에게 부끄럽지 않은 처신을 해야 할 것이다.

그런데 특위는 90일 동안 조사한 것이 별로 없을 뿐만 아니라 2015년 1월 1일 세월호 특조위가 설립되고 난 후부터 세월호에 대한 조사는 더욱 이상한 방향으로 흐르기 시작했다.

세월호 참사 사건은 2014년 4월 16일 여객선 세월호가 전남 진도 인근 해상에서 침몰하면서 승객 300여 명이 사망, 실종된 사건이다.

그렇다면 수사기관이 세월호 사건의 원인 및 책임 소재를 규명하고 책임자를 처벌하면 될 것이나 여·야 합의로 세월호 특조위를 설치하고 그 특조위가 세월호 침몰 사고의 진상을 규명하고 피해자 지원 대책을 점검하는 업무를 수행하기 위해 설치된 한시적 중앙행정 국가기관의 일을 수행하게 되었다. 해산일은 2016년 9월 30일이다.

세월호 사건에서 세월호는 왜 침몰하였는가와 왜 구하지 못하였는가로 나누어 생각해 볼 때 전자는 세월호의 소유주인 청해진해운의 민관유착과 관피아의 척결로 책임자만 처벌하면 문제는 해결될 수 있으나 '왜 구하지 못하였는가'에 대하여 야당 등 반정부 단체의 셈법은 박 전 대통령의 청와대와 정부 권력자들을 해코지하고 정부를 시끄럽게 몰고 갈 머리를 굴리면서 자신들의 권위 고양과 세력 구축의 기회로 활용하기 위한 것이었다.

2〉 세월호 특조위는 박 전 대통령과 청와대 기타 박 정권의 권력자들을 세월호 사건과 관련하여 '왜 구하지 못하였는가'의 배후로 지명하여 정치적 책임을 추궁하려는 의지를 표출하였으나 세월호 특조위가 2015년 1월 1일 정식으로 설치되고 나자 2015년 9월 29일 접수된 세월호 유가족 박종대 씨의 조사 신청에서는 "세월호 참사 당시 대통령의 행적을 조사해 달라"는 요구로 발전하였다. 한 특조위 관계자는 "박 씨가 가해자를 '박근혜'로 명시하고, 첫 번째 조사 내용으로 '박 대통령의 7시간을 조사해 달라'고 적었다"고 말했다.

세월호 특조위는 지난달 진실규명 소위원회를 열고 해당 조사 안건을 논의하여 위원 간의 합의로 '대통령의 행적' 등 정치적으로 논란이 될 수 있는 내용이 빠진 채, 세월호 참사 당시의 △대통령 및 청와대 지시 사항 △정부 부처의 이행 사항 △정부 부처의 보고 사항 △책임자 위법 사항 △사고 수습 '컨트롤타워' 조사 등 5개 안건만 상임위원회에 올렸다.

그런데 이때부터 이견이 발생했다. 새정치민주연합 및 유가족이 추천한 위원들은 "대통령의 7시간은 당연히 조사하는 것"이라고 주장했다. 10월 18일 상임위에서 이헌 부위원장 겸 사무처장(새누리당 추천)이 항의 차원에서 퇴장했지만, 상임위는 안건을 결의 기구인 전원위원회에 회부했다.

이 부위원장은 "대통령 행적과 세월호 침몰 사이에 연관 관계가 없는 만큼 이번 조사는 '정치 논리'로 결정된 것"이라고 비판했다.

한편 야당 및 유가족 측 위원들은 '박 대통령 조사 의지를 다시 한번 보였다. 새정치연합이 추천한 류희인 위원은 "대통령의 당일 행적이 어땠으며 7시간 동안 어떻게 상황을 보고 받고 인식했는지를 아는 것은 이 사건 규명의 기본"이라고 말했다.

그러나 세월호 특조위의 야당(더불어민주당) 및 유가족 측 위원들이 세월호 사건과 아무 관련이 없는 '박 대통령의 행적'과 '박 대통령의 7시간 행적을 조사해야 한다는 것'은 논리적 사고로는 수긍이 가지 않는다는 것이 지배적 견해이다. 대통령의 행적 등이 세월호 사건과 관련이 있느냐의 여부는 최소한의 상식에 관한 문제로 생각되기 때문이다.

따라서 세월호 유가족 박종대 씨가 "세월호 참사 당시 대통령의 행적을 조사해 달라"고 요구했다는 것은 세월호 참사와 대통령의 행적이 아무 상관이 없다는 것을 알고 있었기 때문에 이치에 맞지 않는 것이며 새정치민주연합의 회유로 이름만 대여해 준 것으로 추정된다 할 것이며 이 여론이 타당하다고 할 것이다. 대통령 행적과 세월호 침몰 사이에 연관관계가 없기 때문에 '정치 논리'로 결정된 이번 조사가 부당하다는 이헌 부위원장의 비판이 타당하지만, 새정치민주연합 및 유가족이 추천한 위원들이 "대통령의 7시간은 당연히 조사하는 것"이라는 주장은 도대체 어디에 근거하는가?

평범한 일반인이나 세월호 사건과 관련한 해경이나 해수부 직원을 조사해야 할 경우에도 관련된 혐의가 있어야 하는데 국가권력의 최고 위직에 있는 국가의 원수인 대통령을 세월호 특조위의 야당(당시는 더불어민주당) 및 유가족 측 위원들이 무엇을 근거로 대통령을 조사해야 한다는 것인지 논리적 사고로는 도저히 수긍할 수 없다 할 것이다.

우리 헌법 제84조는 "대통령은 내란 또는 외환의 죄를 범한 경우를 제외하고는 재직 중 형사상의 소추를 받지 아니한다고 규정하고 있다.

주지하는 바와 같이 소추란 검사가 공소를 제기하는 것이다. 그런데 헌법에서는 검사는 현직 대통령에 대하여 공소를 제기할 수 없다는 사실을 공언하고 있는 것이다. 공소를 제기할 수 없다면 수사를 해야 할 필요성이 없는 것이다. 수사란 공소를 제기하기 위한 수단에 불과하기 때문이다.

이러한 헌법적 근거를 이유로 박근혜 전 대통령에 대하여는 대통령으로 재직할 당시에는 현직 대통령이라는 신분 때문에 수사를 해서는 안 되고 수사할 수 없다고 해야 할 것이다. 따라서 2015년 9월 29일 접수된 세월호 유가족 박종대 씨의 조사 신청에서 "세월호 참사 당시 대통령의 행적을 조사해 달라"는 요구에 이어서 새정치연합이 추천한 류희인 위원이 "대통령의 당일 행적이 어떠하였으며 7시간 동안 어떻게 상황을 보고받고 인식했는지를 아는 것은 세월호 사건 규명의 기본"이라고 말한 것은 헌법 제84조에 배치되는 무지에서 비롯된 발상이라고 해야 할 것이다. 박근혜 전 대통령은 양심에 따라 국민에 대하여 정치적 책임을 지면 될 것이다. 박근혜는 국민 51%라는 과반수에 의하여 국정을 위임받은 자이기 때문이다.

더욱 웃기는 일은 세월호 사건과 관련하여 박근혜 대통령이나 청와대 참모들은 세월호 특조위원들이나 야당(더불어민주당) 의원들의 과격적이고도 불순한 반정부 언행에 대하여 계속 침묵하고 있었다는 사실이다.

세월호 사건에 대하여 박근혜 전 대통령의 당일 행적이나 7시간 행적에 대하여 조사 대상이 된다는 것은 논리적 사고로는 부당하다고 밖에 달리 표현할 길이 없을 것이다. 다만 세월호 특조위원들이나 더불어민주당 의원들의 과격적인 언행에 대하여 청와대가 그들의 처벌을 고려하지 않고 계속적인 침묵으로 일관하고 있던 중 탄핵 심판이 가결되고 탄핵 심판의 결정을 받은 것은 박 전 대통령의 과실이자 자신이 짊어질 응분의 책임이라는 점에 대하여는 우리는 부정할 수 없다 할 것이다.

3〉 세월호 특조위, 그동안 무엇을 했는가?

세월호 특조위는 2016년 하반기(7~12월)에 쓸 예산 104억 원을 정부에 청구한 이유에 대해 "세월호 참사 진상 규명을 위해 조사활동 기간 보장과 이에 따른 예산이 필요하기 때문"이라고 했다. 그러나 그동안의 특조위 조사 내용에 대하여 정부·여당에선 "사실상 규명이 불가능한 분야, 실체가 불분명한 조사 대상 등에 비용을 낭비한다"는 지적이 있었다.

2015년 1월 시행된 세월호 특별법에 따르면 특조위는 "참사의 발생원인, 수습과정, 후속 조치 등의 사실관계와 책임 소재 등 사고의 진상을 밝히는 것"이 그 역할이다. 이에 따라 특조위는 2015년 9월부터 유족 등의 신청을 받아 총 231개 항목에 대해 조사를 진행하겠다고 자체회의에서 의결했다. 그러나 이 가운데 보고서를 채택하고 조사가 종료된 것은 한 건 뿐이다. 지난 6월 27일 "침몰 당시 세월호는 검·경이 발표한 286t(톤)의 철근이 아닌 410톤의 철근을 싣고 있었고 이 중 일부는 제주 해군기지로 운반됐다"고 한 발표가 전부다. 나머지는 최장10개월째 '조사 중' 상태다. 작년 1월부터 2016년 6월까지 18개월 동안 배정된 예산이 총 151억 원이었다.

이들이 지적하는 가장 기본적인 특조위의 문제는 '조사 대상이 지나치게 광범위하고 근거가 없다'는 것이다. 단원고 교감 등 교사들로부터 민간 잠수회사, 교육청, 교육부, 해군, 해경, 119 구조대, 병원, 소방청, 방송사, 국정원 등이 망라돼 있다. 이들이 막연하게 조사 대상이 되어야 한다는 자체가 오히려 조사 대상이 되어야 할 것이다.

① 세월호 특조위가 조사하겠다는 각종 내용

대상기관	조사항목
청와대	참사 당일 대통령 일정, 청와대 비서실장과 구원파 및 세월호와의 관계
국정원	유가족 스마트폰 해킹 및 사찰 여부, 사고 당일 국정원 직원의 세월호 탑승 여부
군	참사 당시 미국 군사위성의 세월호 촬영 여부
정부	해경 또는 정부가 연예인 동원하여 구조·구난의 진실을 왜곡했는지 여부
단원고	수학여행 출발 강행 이유, 수학여행을 여객선으로 가게 된 이유

② 세월호 특조위의 작년 예산과 올해 하반기(6개월 분) 예산 요구액

분 야	2015년 예산	2016년 하반기 요구액(7~12월)
기본운영비 (봉급, 업무추진비, 사무실, 임차료 등)	77억 5,600만 원	54억 700만 원
진상규명 (자료 번역, 선체 조사 모형제작 등)	6억 7,400만 원	43억 9,000만 원
안전 사회건설 (사례분석, 워크숍, 간담회 개최 등)	1억 1,700만 원	5억2,100만 원
피해자 지원 (종합 토론회 개최 등)	3억 6,200만 원	8,000만 원
합 계	89억 원	104억 원

따라서 세월호 특조위를 출범시킨 이유는 우리 사회의 어떤 구조적인 문제점들이 비극을 야기시킨 것인지를 파악하고 앞으로 그런 비극을 되풀이하지 않으려면 무엇을 개선해야 할 것인지에 관하여 진단을 해달라는 뜻이므로 세월호 특조위는 막연히 박 전 대통령의 청와대와 정치권력자들을 대상으로 정치변혁과 국가 변란의 책임을 물어 정부를 궁지에 몰아넣을 수 있는 행위의 반복적 제시는 삼가야 할 것이다.

세월호 특조위는 참사의 발생원인, 후속 조치 등의 사실관계와 책임 소재 등 사고의 진상을 밝히는 역할에 만족해야 할 것이며 세월호 사고 당일 박 전 대통령의 행적, 미국 군사위성의 세월호 촬영 여부 등

황당한 내용까지 조사하겠다고 더 이상 억지를 부리지 말고 이성을 찾아야 할 것이다.

  2017년4월11일 세월호 특조위는 미수습자를 찾기 위한 수습 수색 체제가 진행될 것이나 세월호 사건과 아무런 관련도 없는 박 전 대통령의 행적 조사 등의 정치 논리를 대상으로 전개되는 세월호 특조위의 활동은 허무맹랑한 인간의 사고 작용이라 아니 할 수 없을 것이다.

  결론적으로 2014. 4. 16. 발생된 세월호 사건은 누가 보다라도 그 성격상 해상의 일반 재난 과실 사고임에도 불구하고 박 전 대통령과 그를 둘러싸고 있는 정치권력자들의 과실로 인하여 발생된 사고로 치부되기도 하며 특히 더불어민주당 다수의 국회의원과 일부 추종자들이 '대통령의 당일 행적이 어땠으며 대통령의 7시간 행적을 조사하는 것만이 이사건 규명의 기본'이라고 주장하였다. 따라서 문재인 전 의원(당시)을 포함한 당시 새정치민주연합 및 세월호 유가족이 추천한 위원들의 논리적 사고는 정말로 어이없는 일이라 아니 할 수 없다.

  세월호 특조위가 조사하겠다는 내용도 세월호 사건과는 무관한 일이며 특히 미국 군사위성의 세월호 촬영 여부, 정부가 연예인을 동원하여 구조·구난의 진실을 왜곡했는지 여부 등은 황당한 돈키호테식 사고라 생각된다. 따라서 세월호 관련 발언을 한 민주당 의원들의 수준은 면이나 동사무소의 업무보다 못하며 건전한 중·고등학생 수준에도 미칠 수 없다고 판단할 때 보수·진보의 진영논리를 떠나 세월호 드라마 사건의 실제적인 총연출자인 문재인을 포함한 관련자들의 좌과는 영원히 역사에 기록될 것임을 인식해야 할 것이다.

2. 천안함과 세월호 사건

　천안함은 1987년 건조되어 1999. 6. 15. 제1연평해전에 참가했다. 천안함은 2010. 3. 26. 21시 22분 북한 잠수함의 어뢰 공격으로 침몰되었으며 천안함 사건으로 인천광역시 옹진군 백령도 인근 해역에서 북한의 기습공격으로 이창기 준위를 비롯한 46명의 젊은 용사들이 희생된 역사적 사실로 우리 기억 속에 생생하게 남아 있다. 당시 정부가 발표한 공식 명칭은 천안함 피격 사건이다.

　천안함 사건에 대한 각계의 반응은 상반되었으며 국회도 여당과 야당의 태도는 상이하였다. 대체로 좌익·진보주의자들은 천안함 침몰은 북한의 소행이라는 명백한 증거가 없다고 주장하고, 보수·우익 인사들은 북한의 소행이라고 결론을 내렸다. 어찌 되었든 보수·우익 인사이건 진보·좌익 인사이건 반정부 불순세력이나 친정부 온건 세력 등 상반된 세력 등이 모두 인정하지 않을 수 없는 결론은 천안함 피격 사건으로 대한민국의 장병들이 국가를 위하여 희생되었다는 사실이다.

　그럼에도 불구하고 2018. 3. 6 경기도 평택시 해군 2함대 사령부에서 거행된 '제8주기 천안함 용사 추모식'에 문재인 정부 고위 인사가 한 명도 참석하지 않았다는 사실이다.

　또한 문재인 정부 때인 2021. 11. 9 신형 천안함 진수식(進水 : 새로 만든 선박을 처음으로 물에 띄우는 것)은 최원일 전 함장과 생존 장병들이 참석을 거부해 반쪽으로 진행됐다. 이들은 진수식 참석을 위해

기차표까지 예매해 놓은 상태였지만 당시 방송통신심의위원회가 '천안함 좌초설' (좌초 : 배가 암초에 걸림) 등 각종 음모론을 제기하자 이에 대한 항의 표시로 발길을 돌렸다. 당시 진수식에서 국방부 장관은 유가족을 앉혀 놓은 채 북한 폭침에 대해선 문제 제기 없이 '한반도 평화' '세계평화' 등 모호한 표현의 연설을 해 논란이 일었다. 국방부 장관은 천안함은 북한 잠수함의 어뢰 공격으로 폭침된 것이 아니라 천안함이 암초에 걸려 침몰했다는 요지의 거짓된 발언을 하려 했으나 주변의 분위기를 감안해 볼 때 양심상 거짓말을 할 수 없어 천안함 사건을 '한반도 평화' 등을 위한 조치라는 두리뭉실한 사건으로 호도하여 발언하였다. 천안함이 북한 잠수함의 어뢰 공격으로 침몰된 게 아니라 암초에 걸려 침몰된 것이라는 메시지를 청와대와 문재인으로부터 받은 송영무 국방부 장관은 비록 거짓 발언을 하였다고는 하나 직책상 문재인의 심부름꾼인 그를 무조건 비난할 수만은 없을 것 같다.

그러나 문재인은 천안함이 암초에 걸린 것이 아니고 북한 잠수함의 어뢰 공격으로 침몰된 것이라는 사실을 알고 있었음에도 불구하고 왜 천안함이 암초에 걸려 침몰했다는 식으로 사건을 몰고 갔을까?

김문수 전 경기지사 주장대로 문재인은 정말 간첩이기 때문에 그랬을까? 그러나 이 주장에는 동조할 수 없다. 한 국가의 대통령이 간첩행위로 얻는 것이 아무리 크다 해도 국가 원수인 대통령 이상의 자리는 획득할 수 없는 것이기 때문이다.

아마도 문재인은 김정은과 친화 관계를 유지하면서 남북한 화해의 선봉장으로서 자신의 권위를 거양하기 위한 노림수가 아니었는가 싶다. 다시 말하면 대통령 중에서도 가장 인기 있는 대통령 자리를 차지하여 대통령 중 대통령이라는 야무진 꿈을 실현해 보자는 허황된 공상이 아니었나 추정해 본다.

그러나 그가 세월호 사건이나 천안함 피격 사건, 박근혜 탄핵 심판에서 보는 바와 같이 타인을 결정적으로 해코지하고 그 위에 올라타는 심보를 가지고 처신하는 것이 비록 뛰어난 장기라고 해도 천안함 피격 사건의 조작된 아양이 김정은에게는 크게 점수를 따지는 못한 것 같다.

그도 한 국가의 대통령을 했으니, 논자에 따라서는 정치적인 공적이 있다고 평가될 가능성을 배제할 수는 없을 것이다. 그러나 천안함 사건이나 세월호 사건은 누가 생각해도 유치하고 속이 뻔히 들여다보이는, 믿을 수 없는 사실을 믿으라고 국민에게 강요하는 사건이므로 건전한 상식을 가진 대부분의 국민들은 생각만 해도 울화가 치민다고 할 것이다. 세월호 사건을 10여 년 가까이 우려먹은 더불어민주당의 일부 의원이나 그 추종자들도 정치적인 식견이 성숙하거나 양심이 되살아난다면 문재인이 사회문제를 정치문제로 비화했기 때문에 너무 심했다는 판단이 생길 것이라 믿어 의심치 않는 바이다.

세월호 사건은 무엇일까?

세월호 사건은 2014. 4. 16. 인천에서 제주로 운행하던 세월호가 진도 인근 해상에서 침몰하여 승객 300여 명이 사망한 사건이다. 특히 세월호는 제주도로 수학여행을 떠난 안산 단원고 2학년 학생 324명이 탑승, 어린 학생들의 피해가 컸다.

우리는 여기서 세월호 사건과 천안함 사건의 성격을 규명해 볼 필요가 있다고 생각된다.

세월호 사건은 어린 학생들이 수학여행을 하다가 발생된 사고이지만 천안함 사건은 해군 장병들이 국가를 위하여 봉사하다가 희생된 사고이므로 그 성질과 차원(次元)이 다르다고 해야 할 것이다. 물론 사람의 생명이란 가장 고귀한 것이므로 국가를 위하여 사망했건 여행을 즐기기 위하다가 희생되었건 모두 다 소중한 것이며 누구의 생명이 더 귀하고 높다고 할 수는 없지만 희생된 생명에 대한 인식과 가치는 분명히 달리 평가되어야 할 것이다. 천안함 사건에 대하여는 그 원인 규명에 대하여 각계의 의견이 상반되어 있지만 세월호 사건에 대하여는 그 원인 규명은 충분히 가능하며 그 책임자도 명확히 밝힐 수 있다고 할 것이다.

세월호 침몰의 발생 원인은 무엇이며 그 책임은 누구에게 있다고 할 수 있을까? 세월호 침몰의 발생 원인과 그 책임을 규명한다는 것은 단순히 정치적 분쟁을 해결하는 의미가 있을 뿐만 아니라 진정한 정의를 구현하고 국가 발전의 올바른 방향을 설정하는 가늠자라고 할 것이다.

세월호 침몰의 발생 원인은 한 마디로 우리 국민 전체의 부정과 비리의 악순환의 의식구조라고 할 수 있을 것이다. 먼저 세월호 선박 근무자들은 승객의 승선 시 초과 인원을 점검하였는지 여부를 확인해야 했다. 또한 해경·해양수산부·지자체 등 행정관청은 초과 승객을 하선시키는 사고 발생의 예방조치를 하고 더 기본적으로는 선박 소유자는 외국으로부터 선박 구입이나 국내 건조 시 선박 기계의 원만한 작동이나 사고 발생 가능성의 예방 조치를 타진하는 등 제반조치를 취해야 했다. 선박 소유자와 선장 등 선박 관련자들은 자신의 경제적 이익을 추구하기 위하여 선박의 안전 운행에 관하여는 '나 몰라라' 하면서 선박 운행의 완만한 규제를 담보하는 조건으로 국회의원들에게 로비자금을 제공하는 것으로 안전조치를 필하고, 해수부·해경·지자체 등은 조그만 경제적 이권만 주면 감시·감독을 면제해 주고, 선박 수리를 책임지는 기술자들은 선박을 완전히 수리하면 수리 기회의 감소로 이익을 줄어들게 되므로 선박의 안전 운행은 무시한 채 완만하고 일시적인 수리를 계속해 왔던 것이 사실이다.

이와 같이 우리나라는 어느 한 기관이나 한 곳만 썩은 것이 아니라 기업체는 물론 민간 기술자에 이르기까지 외국인들에 의해 회자되는 바와 같이 '대한민국은 부정과 비리의 천국'이라는 표현 그대로 대한민국 모든 국가기관과 그 구성원들이 썩어 문드러져 있다고 할 것이다. 따라서 국회의원과 행정공무원, 한국의 지성인을 포함한 국민 모두의 의식개혁만이 세월호 침몰 사고 등의 올바른 처방 대책이 될 것이다. 자기 목숨 하나를 건지기 위해 300여 명의 어린 학생을 버리고 달아난 세월호 선장만이 비난의 대상이 아니라는 데에 문제의 심각성이 있는 것이다.

따라서 천안함 사건이나 세월호 사건은 어느 특정인만이 책임이 있는 것이 아니라 국회의원을 포함한 행정기관과 기업체, 국민 모두가 공동의 책임을 지고 의식개혁의 공감대를 형성해야 할 것이라는 사실에 대해서는 그 인식을 함께해야 할 것이다.

우리는 문재인과 더불어민주당이 세월호 사건이라는 사회문제를 정치문제로 비화하여 박근혜 전 대통령을 정계에서 퇴출시켰음에도 불구하고 박근혜를 비호할 생각은 없다. 박근혜도 정무 감각의 방향키를 잃어버리고 모든 국민과 함께 의식개혁의 대상일 뿐이라는 설이 많기 때문이다. 다만 박근혜를 문재인과 비교한다면 문재인은 못된 짓을 한 사람이나 적어도 박근혜는 못된 짓을 한 사람이 아니라는 점에서 우리는 박근혜에게 연민의 정을 보낼 수밖에는 없다고 할 것이다.

우리는 알고 있다. 1993. 10. 10. 전북 부안군 위도에서 서해 페리호 침몰 사고로 292명이 사망하였고, 1995. 6. 30. 서울 삼풍백화점 붕괴로 502명이 사망하였음에도 사고 당시 7시간이 아니고 70시간이 경과된 이후까지도 얼굴조차 내밀지 않았던 인간 김영삼의 형태를….

뿐만 아니라 2002. 6. 29. 한일 월드컵 종반기에 제2연평해전이 발발하여 천안함에 탑승하고 있던 국군 6명이 전사하였음에도 국가안전보장회의를 4시간 35분 만에 개최하는 늦장 대응을 하였고, 이에 더하여 다음날인 30일 월드컵 경기를 관람했던 인간 김대중의 비정함을….

이들 양인은 박근혜 전 대통령과 모두 함께 대한민국의 대통령이었다. 이들도 모두 의식개혁의 대상이었지만 인간 박근혜와는 성질과 차원은 분명히 다르고 더 심한 비난과 처벌을 받아도 결코 지나치다고는 할 수 없었을 터인데 국민들은 왜 침묵하였을까!

　이들 전 대통령들이 우리 국민이 기대하는 수준과 차원에서 멀리 떨어져 있다는 것은 나 혼자만의 독단일까?

3. 사드 사건

(1) 사드란 무엇인가?

사드(THAAD)는 고고도 미사일 방어체계로, 미국이 추진하고 있는 미사일 방어체계의 핵심 요소이다. 사드는 사거리 300km~3,500km 정도의 중단거리 탄도미사일을 방어하기 위해 개발된 미국의 미사일이다. 그런데 사드는 북한의 미사일 발사 위협으로부터 한국과 주한미군을 보호하기 위하여 그 배치가 절대적으로 필요한 입장에 있다.

따라서 문 대통령도 2017년 6월 20일 청와대에서 워싱턴포스트와 인터뷰를 가지고 사드 배치 관련 질문에서 "사드 배치 결정은 우리 한국과 주한미군의 안전을 위해서 한·미동맹에 근거하여 한국과 미국이 합의해서 결정한 것"이라고 대답하였다.

(2) 중국이 우리의 사드 배치에 반대하는 이유

중국은 대한민국 전역을 감시하는 레이더망을 이미 오래전부터 운영해 왔음에도 불구하고 한국의 사드 배치에 대하여는 한국의 사드가 자국을 감시할 수 있다는 이유로 강력하게 반대하면서 경제적으로 보복하고 있다.

중국 외교부는 "일본은 자발적으로 원해서 사드를 도입하는 것이고 실제적으로 일본 자위대의 군사 방어 능력을 높이고자 하는 것"이라며 "일본의 사드는 방어를 위한 방패"라고 설명하면서 한국의 사드 배치는 강력하게 반대하는 반면에 일본의 사드 배치는 인정하겠다는 이중적인 태도를 취하고 있다.

중국이 우리의 사드 배치를 반대하는 이유는 간단하다. 중국은 우리를 그 옛날 조선시대 중국에 조공을 바치던 약소국가 조선으로 알고 있으며 이 조선에 설치된 사드를 통하여 미국이 중국을 감시한다고 생각하기 때문이다.

우리가 사드 배치를 하는 이유는 우리 국민과 주한미군의 안전을 북한 김정은의 불장난으로부터 보호하기 위해서이다. 따라서 우리의 사드 배치는 중국이 찬성하고 반대하고 할 명분 자체가 없는 우리 한국만의 안보 문제인 것이다. 만일 중국이 우리의 사드 배치를 반대하려면 북한에서 핵을 다 제거하거나 북핵에 대한 제거를 지신들이 책임지겠다는 의지를 말과 행동으로 보여준 후 사드를 배치하지 말 것에 대하여 사정을 구해야 할 것이다.

그런데 중국의 하는 행동을 보면 가관이다. 사드를 배치하지 말라고 사정은 고사하고 사드 배치하면 경제적 보복으로 한국 기업에 큰 타격을 가할 것이라고 협박을 하고 있는 것이다.

김정은이 스트레스 조절 장애로 핵폭탄의 버튼을 누르는 순간 남한의 일부 지역이 히로시마, 나가사키 사태 이상의 불행한 역사가 재연될 수 있으므로 북핵 제거를 위한 사드 배치는 중국의 한국에 대한 경제보복과는 비교될 수 없는, 모든 국민들의 생존권에 관한 문제인 것이다.

중국의 경제적 보복은 경제에 관한 기업의 일시적인 불황에 불과하나 사드 배치는 우리 국민의 삶과 죽음에 관한 생존권의 문제이므로 사드 배치와 그 철회의 문제는 차원이 다른 문제로 비교의 대상이나 선택의 문제가 될 수 없다. 한국이 중국보다 힘이 약한 약소국가라고 해도 그것이 중국으로부터 무시받아야 할 아무런 이유가 없다 할 것이다.

(3) 사드 배치와 한국 안보의 상관관계

사드 배치는 대한민국 국민과 주한미군의 안전을 위하여 절대 필요한 것이다. 미국의 사드 가져가라는 일부 무책임한 야당 정치인을 제외하고는 주한미군은 물론이고 대부분의 우리나라 국민들은 사드 배치에 찬성하고 있다. 그러나 사드 배치 지역인 성주 지역 군민들과 일부 반정부 불순 세력들 및 중국의 경제 보복에 피해를 입고 있는 기업인들이 사드 배치에 반대 의사를 표명하고 있는 것 같다. 특히 성주지역 주민들이 반대하는 이유는 사드 배치로 인한 전자파가 그 지역 주민들에게 건강상 위해를 주기 때문이라고 한다.

그러나 이러한 원인은 해소할 수 있는 방법이 얼마든지 있지만 사드 배치를 반대하는 불순 세력들이 문제다. 불순세력들은 성주 군민들을 선동하여 사드 반대 시위에 끌어들이고 사드 기지 접근로를 차단하며 경찰과 국방부 관련자들의 업무까지도 방해하고 있다고 한다.

소문에 의하면 사드에 주입하는 원유까지도 이들 불순세력이 장악하고 원유 주입을 방해하고 있는 상태라 한다.

2017. 6. 23. 15 : 00 성주군 초전면 사드 배치 지역 현장에 나와 있

는 경찰들은 사드 배치 지역을 장악하고 있는 사드 배치 반대 세력과 사드 배치 찬성 세력의 중간 지점에 집결해 있을 뿐 사드 배치 지역에는 출입이 봉쇄된 상태이다.

만일 경찰이 공무수행을 위해 적극적인 액션을 취한다면 문제가 생길 수 있으므로 집회 시위 상황을 관망하고 있을 뿐이다. 사드 배치 반대세력의 사드 배치 지역 점거 상태를 경찰이 보고만 있어야 하는 현실은 한마디로 통치권의 실종 상태라 해야 할 것이다.

북한의 김정은이 핵미사일 발사를 계속하고 있는 현시점에서 우리의 사드 배치는 한국의 안보와 직결되어 있다고 할 것이다. 그럼에도 불구하고 2016. 6. 9 청와대 관계자는 "사드가 지금 당장 정말 시급하게 설치돼야 할 만한지, 법적인 투명성과 절차를 생략하면서까지 가야 되는지 의문"이라고 말했다. 이 관계자는 문 대통령이 취임 후 처음 주재한 국가안전보장회의(NSC) 전체 회의에서 "우리 정부는 국가안보와 국민 안위에 대해 한 발짝도 물러서거나 타협하지 않을 것을 천명한다"고 밝혔음에도 이런 말을 하였다면 북한의 김정은의 핵미사일 발사의 심각성이나 사드 배치의 절박성을 전혀 인식하지 못한 채 대통령만을 의식한 아부성 발언이라고 할 것이다.

경북 성주 골프장(성주군 초전면 소성리 소재)에 사드가 전격 배치된 것은 2017년 4월 26일 새벽이었다고 한다. 그런데 4대가 국내로 추가로 반입되었는데 문재인 정부 출범 전에 이루어졌으므로 문재인 정부에는 보고가 되지 않았다고 한다. 따라서 문 대통령은 반입을 누가 결정했고 어떤 경로로 반입했는지 등을 조사하도록 했으며 4대에 대하여는 환경 영향평가를 실시한 후 배치하라고 지시한 상태이다. 환경 영향평가를 실시한 후 사드의 추가 배치를 한다면 최소한 1년은 더 걸린다고 한다.

문재인 대통령은 안보에 관한 한 물러나지 않는다면서도 사드 보고 누락이 우리 내부 문제임에도 내부 문제를 가지고 한국과 미국이 이미 연내 배치하기로 했던 사드 발사대 4대의 추가 배치를 중단시킨 조치는 환경 영향 평가 실시 후 추가 배치로 보전되거나 회복될 수는 없다고 할 것이다. 더구나 사드 배치가 국민의 생존권과 관련된 북한의 핵미사일 발사를 격추시키는 기능을 수행하며 한국의 안보와 긴밀한 상관관계를 가지고 있음에도 환경 영향평가 실시 운운은 한미관계 균열을 가져올 것이며 사드 배치 계획도 물 건너갈 가능성까지 상존한다고 할 것이다. 이미 배치된 사드를 중단하고 환경 영향평가를 실시한 후 다시 배치하라는 것은 국민들이 볼 때 시간을 끌다가 사드 배치를 중단시키려는 저의라고 생각할 것이기 때문이다.

새 정부 출범 전에 추가 배치된 사드 4대가 문 대통령에게 보고되지 않았기 때문에 자신의 권위를 거양하기 위하여 국민의 생명을 담보로 사드 배치를 중단시키는 것은 누가 생각해도 지나친 결단이라고 할 것이다.

(4) 문 대통령의 사드 진상조사 의도 및 안보실장의 환경영향평가 발언 내용

1) 청와대가 국방부의 사드 추가 반입 보고 누락에 대하여 2017년 5월 31일 '의도적 보고 누락'이라고 공개한 것은 '정국 반전용' 카드인 동시에 사드 국회 비준 명분을 확보하기 위한 포석으로 해석된다.

문 대통령은 이날 오후 딕 더빈 미국 민주당 상원 원내총무와 면담을 갖고 사드 추가 반입 진상조사에 대해 "절차적 정당성을 밟아야 한다고 하는 것이며 시간이 조금 더 걸리더라도 미국이 이해해 주어야 한다고 생각한다고 밝혔다. 문 대통령의 절차적 정당성은 사드 배치에 대한 국회 비준 동의, 전략적 환경영향 평가다.

문 대통령은 "지난 정부는 발표 직전까지 사드 배치를 국민에게 알리지 않았다"며 "한국 국민은 사드가 효용이 있는 것인지, 비용 분담은 어떻게 되는 것인지, 사드에 반대하는 중국과의 문제를 어떻게 풀어갈 것인지에 대해 충분한 설명을 듣길 원하고 있다고 강조했다. 이어 "국회 논의 이전에 거쳐야 할 것이 환경영향 평가다. 시간이 소요되더라도 민주주의 국가라면 치러야 할 비용"이라고 말했다.

문 대통령은 선거 기간 중 사드 공론화와 국회 비준 동의를 거쳐 사드 배치를 결정하겠다고 강조했지만, 보수 진영 야당에선 반대의사를 분명히 하고 있었다.

먼저 사드 배치 이전에 박근혜 정부 시절 황 총리 권한대행이 환경영향평가를 하였는지에 대하여 알 길이 없다. 환경영향 평가를 하였다면 문제가 없을 것이고 평가를 하지 않고 사드가 배치되었다면 환경영향 평가는 순전한 국내문제이므로 국내문제로만 논의하여 환경영향평가를 다시 할 것인가의 여부를 결정하여야 할 것이다. 따라서 한미관계의 합의로 사드 배치가 결정된 문제이므로 전임 정부인 박근혜 정부가 결정한 문제를 새 정부에서 환경영향 평가를 하지 아니했다는 이유로 번복할 문제는 아니라고 해야 할 것이다. 왜냐하면 황 권한 대행은 박 전 대통령의 권한을 대리하는 법정대리인이므로 황 권한대행의 행위는 바로 대한민국을 대표하는 대통령의 행위로 의제되기 때문이다.

문 대통령은 "한국 국민은 사드가 효용이 있는 것인지, 비용 분담은 어떻게 되는 것인지, 사드에 반대하는 중국과의 문제를 어떻게 풀어갈 것인지에 대해 충분한 설명을 듣길 원하고 있다"고 강조하였다.

그러나 한국 국민은 사드가 효용이 있는 것인지 여부는 효용이 있다고 박근혜 정부에서 판단하여 사드가 배치되었고, 사드의 비용 분담은 미국이 1조 원을 부담하는 것으로 합의가 되었으므로 문재인 정부에서는 국내적으로 박근혜 정부에 대해서나, 국외적으로 트럼프 행정부에 대해서 더 이상 거론할 필요는 없게 되었고 사드에 반대하는 중국과의 문제를 어떻게 풀어갈 것인가의 문제만 남게 되었다고 해야 할 것이다. 미국이 한국에 사드 배치하는 것을 중국이 반대하지 않도록 하느냐의 문제는 문재인 정부가 풀어야 할 숙제라고 할 것이다.

문 대통령은 선거 기간 중 사드 공론화와 국회 동의를 거쳐 사드 배치를 결정하겠다고 강조했지만, 보수진영 야당에선 반대 의사를 분명히 하고 있었다고 하였는데 문 대통령은 선거 기간 중 대통령이 아니었으므로 국회 동의를 거쳐 사드 배치를 결정할 위치에 있지 아니하였으므로 사드 배치를 할 수 없었고 보수진영(당시는 여당)에서 당시 문재인 후보에 대하여 반대 의사를 표시한 것은 타당한 태도였다고 생각된다.

한편, 대통령이 비준권을 행사하기 전에 사드 배치에 대하여 국회의 동의를 얻어야 할 성질인가의 문제를 검토하고, 그다음에 성질상 국회의 동의를 얻어야 할 사안이라 해도 대통령이 구속된 상태에서 황 권한대행이 국회의 동의를 얻어서 사드 배치를 결정해야 하는 점이 가능했었는가 하는 점이 문제 될 것이다.

그러나 이와 같은 문제점을 불문하고 사드 배치는 국민의 생명과 재산에 밀접한 관련을 갖는 긴급한 절대적 권리로서 전임 황 권한대행의 정책적 결단을 존중해 주도록 해야 하는 것이 타당하므로 대통령의 사드 배치에 대한 비준권이나 국회의 동의가 필요 없다는 의견이 산견(散見)되고 있었다는 점을 지적하고자 한다.

2) 청와대 안보실장의 방미 중 발언 내용

정의용 실장은 2017년 6월 1일 미 버지니아주 델레스 국제공항 입국장에서 기자들과 만나 최근 문 대통령을 예방한 딕 더빈 미국 민주당 상원의원을 면담한 자리에서 더빈 의원이 문 대통령에게 "한국이 사드를 원치 않으면 사드 비용 9억 2,300만 달러(약1조 300억 원)를 딴 곳에 쓸 수 있다"고 말했다는 연합뉴스 인터뷰기사에 대해 "당시 면담에 배석했는데 그렇게 얘기하지 않았다"고 부인했다.

정 실장은 부인한 구체적 내용에 대해서 "더 빈 의원은 '최근 미 의회에서 사드 예산논의가 있는데 한국에서 반대 여론이 있으면 어떻게 할지 모르겠다. 대통령 생각은 어떻냐'고 물어봤다"고 해명했다.

그러나 청와대는 2017년 5월 21일 더빈 의원이 문 대통령을 만난 자리에서 "미국 정부가 한국의 사드 배치를 위해 9억 2,300만 달러를 쓸 예정인데 한국에서는 사드 배치가 큰 논란이 된다는 점이 놀랍다" (미국의 비용으로 사드 배치해 주니 한국으로서는 고마울 뿐인데 한국에서 사드 배치에 대하여 논의한다는 자체가 이상하고 놀라울 뿐이라는 의미)며 이에 대한 대통령의 의견을 물었다고 하면서 정 실장과는 다른 견해를 개진하였다.

사드에 대한 청와대의 표현은 "한국이 사드를 원하지 않는다면 9억 2,300만 달러를 다른 곳에 쓸 수 있다"는 말을 긍정하는 말이고 사드 배치와 관련된 다른 시각에서 이 말의 긴급성과 절박성을 강조하고 덧붙여 한 말이라고 보아야 할 것이다. 그러나 정 실장의 해명성 발언은 후자의 청와대 표현보다 부자연스럽고 비논리적이며 지어낸 말이라고 생각된다 할 것이다.

(5) 사드에 대한 문재인 정부의 저의

국방부는 경북 성주의 주한 미군 고고도 미사일 방어체계(THAAD, 사드) 기지에 대한 환경영향평가가 완료되었다고 2023. 6. 21. 밝혔다. 북한 대륙간탄도미사일(ICBM) 등 핵·미사일 방어를 위해 2017. 4. 26. 사드를 국내에 들여온 지 6년이 지나서야 사드 기지 건설 관련 행정 절차가 마무리된 것이다. 야권을 중심으로 "사드 레이더의 전자파가 참외를 썩게 한다."는 괴담이 퍼졌지만, 이번 전문기관의 평가 결과는 사드 전자파는 인체 보호 기준의 0.2% 수준에 불과하다고 밝혀졌다.

국방부와 환경부는 이날 보도 자료에서 "문재인 전 정부에서 미루어 왔던 사드 환경영향평가가 완료됐다"면서 "윤석열 정부는 사드 기지 정상화에 속도를 내고 사후 관리에도 만전을 기할 것"이라고 밝혔다.

그런데 사드가 국내에 들어온 지 만 6년이 지났음에도 왜 사드 연합 훈련을 실시하지 아니 하였을까? 그것은 한 마디로 문재인 정부의 적극·소극적인 방해로 지휘부서와 실시부서가 훈련을 실행에 옮길 수 없었기 때문이다. 문재인 정부 당시인 2017년 말부터 2018년 말까지 성주 지역 현장에는 지역 농민과 좌파 세력 등이 사드 기지 입구와 주변 도로를 점거하거나 시위로 미군 차량 운행을 방해해도 적극적으로 통제하거나 불법 시위대를 처벌하지도 않았다. 그렇다고 2019년부터는 사드 훈련을 실시하려는 의지를 보인 것도 아니다. 문재인은 2017년 6월 환경영향평가 재검토를 지시해 놓고도 임기 내내 환경영향평가협의회도 구성하지 않았다.

환경영향평가 지연은 사드 기지의 비정상화로 이어졌다. 2021년 3월에는 로이드 오스틴 미 국방장관이 방한해 이례적으로 사드 임시 배치 상태를 사실상 방치하는 것 아니냐면서 한국 정부에 불만을 제기한 일도 있었다. 오스틴 장관은 방한 당시 사드 기지에 식수, 식량 공급은 물론 정화조 처리도 제대로 되지 않아 기지에서 악취가 나는 등 열악한 환경에 대한 보고를 받고 충격을 받은 것으로 알려졌다.

그런데 문재인 정부 시절 군(軍)이 경북 성주 사드 기지에서 나오는 전자파를 수십 차례 측정해 인체에 무해하다는 것을 확인했다. 그럼에도 이를 공개하지 않은 사실이나 2017년 10월에도 사드 기지에 대한 약식 평가(소규모)를 완료한 뒤 "주민들에게 특별한 영향은 없는 것으로 확인됐다"고 한 발표가 있었음에도 불구하고 이제까지 사드 배치 절차를 뭉개는 문재인의 저의는 무엇일까? 중국이 한국의 가장 큰 교역국이고 따라서 경제적으로 가장 큰 관계가 있다 해도 한국 국민의 생명과 안전은 한미 관계의 터전 위에서만 보장된다고 할 것이다. 따라서 북한 김정은의 핵 공격으로부터 국민의 생명을 보호하기 위해서는 사드를 배치하여 북한의 핵미사일을 격추시켜야 하는 것이 시급하고 긴요하다 할 것이다.

그럼에도 문재인은 2017년 말 중국을 방문하여 사드 추가 배치 반대, 미 미사일 방어체계 참여 반대, 한미·일 군사동맹 반대 등의 3불(不)을 수용하면서 민주당을 통하여 사드 배치는 안보의 실익이 없다거나 사드의 전자파는 인체에 치명적이라는 논리를 내세워 사드 배치를 반대해 왔다. 상대방의 무력 공격에 힘으로 대항하지 말고 상대방의 공격을 누그러뜨리고 달래자는 속셈이라고 선의로 해석하는 세력도 있을 것이다. 그러나 과연 이것이 최선의 방책이 될지는 의문이다. 일단 한미가 연합하여 북한과 중국에 대항하는 것만이 우리의 안보를 확실시하는 길이 될 것이다.

상기와 같은 문재인의 논리와 태도에 입각할 때 국민을 불안하게 하는 것은 확실하므로 보수파 일부의 주장대로 문재인은 간첩이든지 돈키호테인지 모른다는 생각이 든다.

4. 기타 시국사건 개관

(1) 이태원 참사 사건

1) 개황

이태원 참사는 핼러윈 축제 전인 2022. 10. 29에 발생했다. 핼러윈은 가톨릭에서 모든 성인 대축일 전야제를 뜻하는 10월 31일 저녁을 이르는 말이다. 핼러윈 행사는 현대에 와서는 종교적이라기보다는 상업적인 성격이 강하다. 2022년 핼러윈 이틀 전인 10. 29에 이태원에서 핼러윈 축제를 즐기기 위해 10만 명의 인파가 몰려 이태원 압사 사고의 결과를 초래했으며 그 결과 159명의 사람이 사망했다.

2) 이태원 참사의 원인과 과실의 양상

이태원 참사의 원인은 보는 시각에 따라 다를 수는 있지만 한마디로 사람이 통행하는 거리가 너무나 비좁아 10만 명의 인파가 통과하는 것이 불가능하였기 때문이라고 할 수 있을 것이다. 그럼에도 불구하고 많은 사람들이 사망했다면 그 책임 문제를 규명하지 않을 수 없다. 그 책임은 이태원에 좁은 통로를 통과하지 말고 우회하는 등의 방법을 고지하여 줄 행정관청의 책임이 주가 될 것이다. 어느 도시를 막론하고 대로가 있는가 하면 소로도 있기 마련이므로 왜 이렇게 도로를 좁게 만들었냐는 식의 추궁은 정당한 비판이 될 수 없을 것이다. 그렇다면 행정관청 예컨대 경찰서나 소방관서, 용산구청 등의 직원이 현장에 출동하여 예방조치를 하지 않은 과실은 인정된다고 할 것이다. 그러나 우리의 통상적이고 일반적인 관념으로 이태원 같은 좁은 도로에 각 행정관청이 경쟁하듯 수십 명, 수백 명씩 직원을 배치하여 비상경계에 임하는 것은 매우 비효율적이고 무익한 조치라고 판단될 것이다.

그러한 결과를 근거로 법원에서도 각 행정관청의 장이나 공직자들을 풀어준 것이며 비록 과실이 있다 하나 그 과실은 어떤 정부가 들어섰다 해도 어찌할 수 없었으며 '비난 가능성'이 크지 않은 것으로 판단한 것 같다.

한편 시각을 달리하여 이태원 참사에서 희생된 분들의 과실에 대해서 살펴보는 것도 이 사건을 이해하는 데 도움이 될 것이다.

핼러윈 축제에 참석하기 위해 이태원 좁은 길을 통과하는 희생자들이 10만 명이나 되는 인파를 보고서 저 길은 위험하니 다른 길로 가는 것이 좋겠다는 생각을 해야 했다. 그것이 최선의 안전대책이었을 것이다. 그럼에도 불구하고 축제를 즐기기 위한 생각을 가지고 '설마 무슨 일이 있겠어' 하는 마음으로 그 좁은 길을 들어섰다고 보아야 할 것이며 따라서 우리는 피해자들의 과실도 인정해야 할 것이다.

이와 같이 피해자와 행정관청의 공무원들의 과실의 양상은 비슷하였지만, 그 결과는 피해자에게는 엄청나게 큰 것이었다. 국가적으로도 159명이라는 생명의 희생이 있었고 슬픔도 말로 표현할 수 없는 충격이었다.

사람의 죽음이란 그 유가족에게는 참을 수 없는 슬픔과 고통을 가져온다고 할 수 있다. 사망자가 축제를 즐기다 죽었건, 국가를 위하여 싸우다 죽었건, 피해자의 죽음에 대한 슬픔에는 조금도 차이가 없다 할 것이다. 물론 슬픔의 성질이나 가치를 따질 때는 그 평가는 다르다고 할 수는 있지만 슬픔의 정도는 사람의 감정상 다를 수가 없는 것이다. 그런데 이태원 참사에서는 피해자는 뚜렷하지만, 가해자가 누구인지는 분명하지는 않다는 것이다. 일단 국가나 지자체라고 할 수 있겠으나 너무 막연한 것 같다. 어찌 보면 가해자는 '운명'이나 '사주팔자'라고 하는 사람도 있다. 이태원 참사에서 도대체 159명의 사람이 죽도록 누가 고의를 가지고 살인을 모의하거나 사망 결과를 소극적으로 방관할 수 있단 말인가. 그러한 논리에 입각할 때 159명의 고귀한 생명에 대하여 고의를 가지고 해를 가할 가해자는 없다 할 것이고 다만 생명을 구하지 못한 과실 있는 자가 누구인가라는 문제만 남는다고 할 것이다. 그런데 법원에서는 가해자의 과실은 '비난 가능성'이 크지 않은 것으로 판단하였다. 따라서 누구라도 그러한 위치에 있었다면 사고를 예방할 수 없었다고 생각한 것으로 보인다.

  3) 이태원 참사의 교훈과 특별법 제정의 당위성 여부
 10월 28일 저녁 서울 용산구 이태원 거리 곳곳엔 안전 펜스와 바리게이트가 설치되어 있었다. 지방자치 단체와 경찰의 안전관리 노력과 시민들의 달라진 태도로 안전사고는 크게 줄었다는 여론이다. 따라서 행정관청 등 공무원들은 향후 더 세심한 근무태도로 사고 예방에 만전을 기해야 할 것이다. 또한 희생자 가족들도 국가의 안전 대책에만 의존하지 말고 위험을 스스로 감지하여 예방책을 강구하는 교훈을 마음에 새겨야 할 것이다.

한편 유족들은 이날 오후 2시경 서울 용산구 이태원 참사 현장을 찾아 추모기도회에 참석한 후 중구 서울광장까지 행진하면서 '이태원 특별법 제정하라' '진상을 규명하라' 등의 주장을 했다.

민주당은 이재명 대표를 비롯한 지도부가 참석했다. 이재명 대표는 29일 추모행사에서 "유족들의 적절한 호소는 오늘도 외면받고 있고 권력은 오로지 진상 은폐에만 급급하다."며 참사에 책임지는 사람이 단 한 명도 없다"고 했다. 이재명 대표를 포함한 야당 대표들은 특별법을 신속히 통과시키겠다고 입을 모았다.

우리는 여기서 특별법 제정의 당위성 여부를 언급할 필요를 느낀다. 기술한 바와 같이 이태원 참사에서는 이미 참사에 책임질 사람이 없다는 법원 판단이 내려졌으므로 은폐할 진상도 없고, 책임질 사람도 없다고 보아야 할 것이다.

한마디로 슬프고 안타까울 뿐이다. 더 이상 제정할 특별법도 특별한 것은 별로 없을 것이다. 그렇다면 이태원 참사는 앞으로 사고 재발을 방지하고 더 안전한 나라를 만들고 국민들의 마음을 다잡는 계기와 교훈으로 삼아야 할 것이다.

4) 이태원 참사에서 가장 슬퍼할 주체는 누구일까

이태원 참사에서 가장 슬퍼할 사람은 누구일까?

민주당도, 국민의힘도 아니고 이재명 대표나 윤석열 대통령도 아니다 오직 피해자의 부모, 형제와 가족들이 가장 슬퍼할 것이다.

그러나 사람이란 본래 뜨거운 감정이 있으므로 남이 불행에 빠지거나 불의의 사고를 당할 때는 슬픔을 함께하면서 위로를 해주는 것은 당연하다. 그렇지만 그 정도는 결코 가족을 뛰어넘을 수 없을 것이다. 따라서 이태원 참사에 참석하여 꽃을 가져와서 유족들을 위로하는 등 예의를 표시하는 수많은 사람을 가족과 같이 취급하며 흥분이나 착각에 빠지는 것은 결코 유족들에게 도움이 되지 않을 것이다. 또한 아들, 딸이나 형제 등 가족이 죽은 것을 진정 슬퍼는 할지라도 유족들은 더 이상 과시하거나 광고하면서 슬픔에 동조할 것을 강요해서도 안 되며 조용히 슬픔을 달래야 할 것이다.

이태원 참사 유족들이나 민주당 인사들은 윤석열 대통령이 참석하지 않았다고 호통을 치는 행위 등은 보통인의 감정으로는 이해할 수 없다 할 것이다. 설사 대통령이나 정부 고위 인사가 참석했다고 해서 슬픔이 가실 리가 없는 것은 매한가지이다. 그런 식으로 따진다면 버스가 전복되어 승객 50명 모두 사망했다고 할 때 그 유족들이 대통령이 와서 슬픔을 함께해야 하는데 '유족들의 절절한 호소가 외면받고 있다'라거나 '도로를 정비하지 못하여 사고가 났다'며 특별법을 제정하라고 하는 것과 다를 것이 없다 할 것이다. 이러한 일은 슬퍼할 일이지 더 이상 유족들이 광고할 일이 아니다.

우리는 세월호 사건을 기억할 것이다. 세월호 사건은 한마디로 해상의 교통사고일 뿐이다. 그렇다면 선주와 승객들의 관계이므로 교통사고로 처리하면 될 것이다. 그럼에도 불구하고 문재인과 더불어민주당의 일부 의원들이 해상의 교통사고 사건을 정치적인 사건으로 비화(飛火)하여 2014년 4월 16일부터 10여 년 가까이 끌어왔고 박근혜 대통령을 정권에서 퇴출시키는 사건으로 변질되어 왔던 것이다.

세월호 사건은 문재인과 민주당 일부 의원들이 유가족을 선동하여 정치적으로 이용하였고, 죄 없는 정부 인사를 비롯하여 대통령까지 교도소로 보낸 파렴치한 범죄 사건이다.

이와 마찬가지로 이태원 참사 사건도 육상의 단순한 참사 사건일 뿐이므로 정치적으로 비화해서는 안 되는 슬픈 운명의 사건이지 그 이상도 이하도 아니라고 판단해야 할 것이다.

5) 윤석열의 이태원 추도 행사 불참의 당위성 여부

서울 광장의 이태원 참사 추도식에 윤석열 대통령은 불참했다. 국민의힘에선 인요한 혁신위원장 등 일부만 개인 자격으로 참석했다. 민주당이 주도하는 사실상의 정치 집회에 거리를 두기 위한 조치였다. 민주당에선 "박정희 추도식엔 버선발로 달려가더니 이태원 추도 행사에는 왜 가지 않는 건가"라는 비난을 퍼부었다.

그러나 이 비난은 타당치 않다. 박정희 대통령은 못 사는 우리나라를 잘사는 나라로 부흥시킨 영웅이므로 참석할 명분이 있으나 이태원 추도 행사는 자랑하거나 광고할 자리가 아니고 조용히 슬퍼해야 할 자리이기 때문이다. 따라서 윤석열 대통령은 "이태원 참사 희생자들을 애도하고 추모하는 마음은 이태원 사고 현장이든 서울 광장이든 교회든 다를 바가 없다"고 했다.

이제는 민주당 일부 의원이나 이태원 참사의 슬픔에 참여했던 일부 국민들도 유족들에 대해 위로는 해줄 것이나 더 이상 슬퍼해야 할 명분이 없으므로 이태원 추도 행사에 참석해서는 안 될 것이다. 매년의 추도 행사는 국가를 위해서 싸우다 죽은 영웅 등에 대하여 행하여지는 의식이어야 하기 때문이다. 만일 민주당 일부 의원이나 그 추종자들이 이태원 참사 희생자들에 대한 추도 행사를 계속한다면 그것은 정치권의 정치적 사건의 비화(飛火)라는 오명을 뒤집어쓸 것을 명심해야 할 것이다.

(2) 해수부 직원 사망 사건
 1)개황
이대준 씨는 지난 2020. 9. 21 12 : 51분 인천시 옹진군 소연평도 해상에서 어업지도선을 타고 바다에서 표류하다 9. 22 오후 3 : 30 북측 해역에서 발견되어 우리 군에 정황이 파악되었다. 그러나 9. 22 오후 9 : 40 북한군이 실종자에게 사격을 가하여 사망하였고 오후 10 : 00 시신이 소각되는 정황이 포착되었다.

6시간 10분 동안 우리 군과 국방부는 무엇을 하였고 상황 보고를 받은 청와대는 또 무엇을 하였는지 알 수가 없다.

이대준은 해양수산부 8급 공무원으로 목포 소재 서해 어업관리단에 들어온 뒤 어업지도선에서 어선의 월선·나포 예방이나 불법 어업지도 업무를 해왔다. 그는 9월 14일부터 499톤급 어업지도선인 '무궁화 10호'에서 15명의 동료와 함께 1등 항해사로 근무했으며 실종 직전까지 연평도 해상에서 업무를 수행했다. 그는 2012년부터 계속 동료들과 같이 일해 오면서 큰 문제는 없었다고 한다.

당시 문재인 정부는 이대준에 대하여 '자진 월북'이라고 주장했다.

2) 수사 경위

2020년 9월 22일 서해에서 북한군의 총격으로 사망한 해수부 공무원 이대준에 대해 해경이 청와대 지침에 따라 '자진 월북'이라고 발표하기에 앞서 청와대 민정수석실 모 행정관이 해경수사국장을 찾아와 "청와대 지시를 무시하고 감당할 수 있겠느냐"고 말했다는 증언이 9월 23일 나왔다. 문재인 청와대가 해경에 "월북에 방점을 두고 수사하라"는 지침만 내린 게 아니라 수사 책임자를 직접 압박했다는 내용이다.

그런데 이대준의 형 이래진 씨 등 유족은 2020년 10월 28일 국가 안보실장을 상대로 정보공개 청구를 하고 이것이 거부되자 2021년 1월 13일 정보공개 청구 소송을 진행하여 2021년 11월 12일 승소 판결을 받았다.

그리하여 해경은 22년 6월 16일 "1년 9개월에 걸쳐 수사했지만 월북의도를 발견하지 못했다"고 발표하며 '자진 월북' 결론을 철회했다. 정봉훈 현 해경청장도 2022년 6월 22일 "피격공무원 수사 결과 발표와 관련해 많은 오해를 불러일으킨 점에 대하여 국민과 유족분께 진심으로 사과드린다."고 했다. 서울중앙지검 공동수사 1부(부장 최창민)는 서훈 전 청와대 안보실장, 김종호 전 민정수석과 이광철 전 민정 비서관을 '자진 월북 지침' 의혹으로 수사하고 있다.

해수부는 2022년 7월 28일 '북 피살 공무원' 이대준에 대하여 직권면직 취소를 '사망으로 인한 면직'으로 인사 발령하였다.

또한 이대준은 전남 목포에서 해양수산부장으로 영결식을 거행한 바 있다. 이렇게 이대준 해수부 직원의 사망사건은 결론이 났지만, 이대준의 실종을 '자진 월북'으로 몰고 간 청와대 참모와 문재인의 죄과를 용서할 수 없을 것이다.

3) 이대준은 왜 죽었는가?

상기와 같은 상황에서 국방부가 청와대에 상황 보고를 하였을 것이며 문재인은 적어도 이대준이 죽기 6시간 전에 이대준을 살릴 수 있는 열쇠를 가지고 있었다고 할 것이다. 그럼에도 문재인은 북한군의 사격 정지 요청을 하지 않은 채 소극적인 침묵만을 지키다가 왜 이대준을 죽게 만들었을까?

우리는 여기서 문재인의 비정한 인간성을 간파할 수 있을 것이다. 추정컨대 김정은의 심기를 건드려서 좋을 것이 없다고 판단하고 이대준의 '자진 월북'이라는 셈법을 머릿속으로 굴리며 침묵하였을 것이다.

평범한 사람이라면 다른 사람이 사경을 헤맬 때 그를 살리지 못한다 해도 비난이 그리 크지는 않을 것이나 국가의 대통령이라면 국민이 위기에 처할 때 그를 구하는 것이 공인으로서 최소한의 의무라고 할 것이다.

이대준의 형 이래진 씨는 영결식에서 "사건 초기 사실과 다른 수사와 발표를 넘어 아무것도 하지 않았던 지난 문재인 정부의 비극을 우리는 경험했다. 억울한 죽음과 희생에 국가가 발 벗고 나서서 명예를 회복시켜 주길 바란다."고 했다. 현재 이대준 씨에 대한 순직 심사가 진행 중이다. 이래진 씨는 인터뷰에서 "문재인 전 대통령을 고발하겠다. 국민의 안위나 안전에는 관심이 없는 정치인 등 무자비한 사람들을 모두 용서하지 않겠다."고 울먹이면서 울분을 토했다.

5. 일본의 핵 오염수 방류 사건

(1) 핵 오염수 방류의 안전성 여부

일본의 오염수 방류는 과연 안전할까? 이 문제는 비단 한국뿐만 아니라 미국이나 유럽을 포함한 전 세계 모든 사람의 생명과 건강에 관한 문제이기 때문에 세계 인류 초미의 관심사항이라 할 것이다.

그러나 정치권에서는 국민의힘과 민주당이 의견이 대립되어 있다. 국민의힘인 여당은 오염수 방류는 IAEA(국제원자력기구)의 검증을 거쳤으므로 안전하다고 하고 있으나 야당인 민주당은 IAEA가 후쿠시마 오염수 방류에 대하여 검증을 맡는 것은 고양이에게 생선을 맡기는 것과 같은 이치라며 오염수 방류를 극력 반대하고 있다. 또한 IAEA의 검증이 과학적이라고 믿는 것은 선동이고 괴담이라고까지 주장한 바 있으며 일본이 IAEA에 상당한 분담금을 내고 있는 것을 이유로 들며 국제해양법 재판소 제소를 통한 방류 저지 등을 요구하고 있는 실정이다.

한편 여권 관계자는 오염수 방류는 "국민 건강과 직결된 민감한 사안이라 내년 총선에서 불리한 이슈로 작용할 수 있고 실제로 어업 종사자가 많은 부산·경남에서 민심이 악화하는 경향도 나타나고 있다"고 우려를 표명하였다.

이와 같은 여당과 야당의 의견대립에도 불구하고 전문가들은 "후쿠시마 오염 처리수 문제는 외교·감정이 아닌 과학의 문제"라고 하면서 "현미경 검증은 반드시 필요하지만, 정치권이 괴담을 퍼트리고 정쟁화에 몰두하는 일은 자제해야 한다"고 주장하였다. 강건욱 서울대 의학 연구원 방사선 의학연구소장도 "2011. 3. 11. 후쿠시마 원전 사고 이후 2년간 정화 처리가 되지 않은 방류수가 바다에 흘러갔지만, 태평양 해류를 돌며 모두 정화돼 우리 해역에 영향을 미치지 않았다"고 했다.

그런데 일본의 핵 오염수 방류가 해양 오염을 시키며 그 오염으로 인하여 인류의 건강과 생명을 위협할 것이라는 주장도 만만치 않다.

우선 오염수 방류를 반대하는 민주당의 이재명 대표는 5월 26일 서울 광화문 광장에서 열린 서명운동 발대식에서 "후쿠시마 원전 핵 물질 오염수는 위험하기 때문에, 인체에 유해하기 때문에 바다에 버리겠다는 것"이라고 주장했다.

28일에는 민주당 주도 서명운동에 10만여 명이 참여한 상태다. 이런 가운데 윤석열 대통령이 5월 7일 기시다 후미오 일본 총리 방한 당시 합의한 후쿠시마 오염수 한국 시찰단이 5박 6일 일정으로 5월 21일 현지로 출국했다. 유국희 시찰단장인 원자력안전위원장은 이날 인천국제공항에서 취재진과 만나 "과학적인 근거와 기준을 가지고 안전성을 확인하고, 철저하게 점검하겠다"고 말했다.

한편 일본 후쿠시마 제1원자력 발전소 오염수 처리 과정을 점검하는 한국 정부 시찰단이 23일부터 1박 2일 일정으로 일본의 원전을 방문했다. 유 단장을 비롯해 원전·방사선·해양 환경 전문가 등 21명으로 구성된 시찰단은 이날 오전 10시부터 원전 내 방류 관련 설비 점검에 들어갔다. 그러면서 일본 측에서는 "공개할 수 있는 자료는 다 공개해

주겠다"고 했다. 아직 일본 정부의 내면적인 속마음까지 모두 확인할 수 있는 것은 아니지만 기시다 후미오 총리가 윤석열 대통령과 합의한 후 배려된 결과라고 생각된다.

일본의 핵 오염수 방류의 안전성 여부는 쉽게 판단할 수는 없고 과학적 검증과 미국 등 국가와의 추이를 관망하면서 우리의 정책적 결단을 내려야 할 것이다.

(2) 오염수 방류가 인류에 미치는 영향

최근 자료에 의하면 우리나라의 실제로 어업이나 수산 양식업 등에 종사하는 종사자 수는 30여만 명에 불과하지만, 전체 수산업 종사자(수산물 생산업, 수산물가공업, 수산물 유통업, 수산 관련 서비스업, 어선 및 낚시 선박 건조업, 수산 기자재 생산 및 설치업 등) 수는 89만여 명으로 100만 명에 가깝다고 할 수 있다.

따라서 안전성이 확보되지 않았음에도 불구하고 일본의 방사능 오염수가 바다에 방류된다면 일본의 수산업 종사자는 물론이고 한국의 100만여 명의 수산업자들은 우선 당장 생계에 치명적인 타격을 입을 것은 뻔한 일이다. 물론 세계 모든 국가의 수산업 종사자들에게 그 타격은 공통적인 현상이 될 것이므로 경제적인 면에서 엄청난 파문을 일으키는 세계적인 문제가 될 것이다.

그러나 경제적인 문제보다도 더 큰 문제는 오염수 방류가 인류의 생명과 건강에 치명적인 타격을 주기 때문에 정치·사회적으로 인류는 모든 것을 다 잃는다고 해도 과언은 아닐 것이다. 그러므로 방사능 방류의 안전성 문제의 확인은 국내외적으로 중요한 문제로 부각되고 있으며 일본 후쿠시마 제1원자력 발전소 오염수 처리 과정의 점검은 우리 국가로서는 당면한 가장 중요한 과제라 할 수 있을 것이다.

(3) 오염수에 대한 정부의 대처 방안

먼저 일본은 원자력 분야의 권위 있는 국제원자력기구(IAEA)의 리뷰(조사)를 받으면서 나름대로 과학적 근거에 따른 설명을 하고 있는 것은 수긍된다고 할 것이다. 또한 기시다 일본 총리도 자국민과 한국 국민의 건강, 해양환경에 악영향을 주는 형태의 방류는 인정하지 않는다는 것을 윤석열 대통령과의 정상회담 등을 통하여 수차례 강조한 바 있다. 그뿐만 아니라 IAEA의 리뷰와 알프스(ALPS : 다핵종 제거설비) 처리수 분석에 한국 전문가와 한국기관이 각각 참가해 오염수의 안전성 여부를 규명하려고 활동하는 점을 볼 때, 오염수 방류를 반대하는 사람들을 만족시킬 수는 없다고 해도, 오염수 방류의 안전성 여부를 규명하려는 일본의 태도는 분명해 보인다고 할 것이다.

그럼에도 불구하고 수산업자를 포함한 많은 사람과 한국 국민들은 오염수 방류에 대하여 불안한 마음과 불신의 장벽을 쌓고 있는 것은 어쩔 수 없는 현실이다. 따라서 더불어민주당은 후쿠시마 원전 오염수 방류 문제와 관련하여 '후쿠시마 오염수 해양투기 규탄 범국민 대회'라는 대규모 장외집회도 개최하였다. 고물가고금리로 가뜩이나 힘든 민생현장은 오염수 방류 불안감이 겹치면서 어려움이 커지고 있다. 수산물 소비가 급락해 어민과 수산상인들이 생계를 걱정해야 하는 상황에 대한 우려도 나오고 천일염 사재기로 소금값이 급등하고 품귀현상까지 빚어지기도 한 것이 현실이다. 이러한 현실은 오염수 방류에 따른 위험성 여부나 과학적 논리와는 별개로 국민의 심리적 불안감에서 비롯된 결과로 보여진다.

따라서 정부여당은 국민 불안을 씻기 위해 보다 적극적으로 핵 오염수 방류가 기준치에 미달하므로 국민 건강에 유해하지 않다는 과학적 설득을 해야 할 것이다. 야당을 '괴담 양산 세력', '반국가 세력'으로만 규정해 대화를 중단하는 건 올바른 태도가 아니라고 할 것이다. 핵 오염수 방류에 대한 국민 절대다수의 반대를 괴담으로만 치부해서는 안 될 것이다. 후쿠시마 오염수 시찰단 분석 결과를 서둘러 공개하고 미심쩍은 부분이 있다면 일본에 설명을 요구하여 국민의 불안감을 해소해 주어야 할 것이다. 아울러 잘못된 정보로 국민의 불안감이 커지는 것과 수산업 종사자 등 피해자가 발행하는 것을 막는 일도 중요할 것이다.

우리는 핵 오염수 방류에 대한 국민의 불안감을 해소할 수 있는 2가지 해소 방안을 제시하고자 한다.

첫째는 핵 오염수에 대한 과학적 검증을 통하여 오염수 방류가 기준치에 미달하므로 안전하다는 근거를 제시하여야 한다.

예를 들면 "2011년 후쿠시마 원전 사고 당시 오염수 300톤이 바다에 흘러들어 갔지만, 지금까지도 그 영향이 한국에 나타나지 않았다"며 "현재 일본이 처리한 오염수는 방사성 물질이 2011년 당시의 0.05%도 안 된다"고 하는 등의 과학적 근거를 더 제시해서 국민의 불안을 해소시켜 주어야 할 것이다.

둘째는 우리는 정부가 오염수 방류에 개입할 근거를 마련하여 그 수단을 미리 강구해 두어야 한다.

우리 정부가 파견하는 오염수 시찰단이 일본을 방문하여 일회성 시찰로는 국민들의 우려를 당장 불식시킬 수는 없다. 오염수 방류는 앞으로 30년 또는 50년이 될지 모르지만 계속될 것으로 보인다. 현재는 국제원자력위원회(IAEA)가 조사하고 있지만, 언제까지 감시병 역할을 제대로 해낼 수 있을까는 알 수 없는 일이다. 따라서 우리 정부는 30년 또는 50년 동안 오염수 방류에 개입할 근거를 확실하게 만들어야 한다. 근거를 확실하게 만들기 위해서는 수단이 필요한바 예컨대 원자력안전협약, 런던투기협약, 유엔해양법협약 등을 열거할 수 있을 것이다. 이러한 국제협약을 근거로 일본 정부를 강하게 압박해야만 핵 오염을 최소화할 수 있을 것이다. 이러한 국제협약은 만의 하나 향후 일본의 핵 오염수 방류 중 기준치를 초과하면 즉각적으로 오염수 방류 조치의 철회를 요구해야 할 수단이 될 것이며 또한 그 철회를 요구할 수 있는 근거와 조건이 될 수 있다 할 것이다.

(4) 윤석열 대통령의 국민 담화 발표 긴요

일본의 핵 오염수 방류 문제는 모든 국민의 이목을 집중시키는 우리나라의 정치·사회문제로서 가장 중요하고도 심각한 문제라고 할 수 있다.

따라서 핵 오염수 방류 문제와 관련하여 2023. 5. 7. 기시다 후미오 일본 총리는 용산 대통령실에서 윤석열 대통령과 정상회담 후 "일본의 총리로서 한국 국민의 건강과 해양환경에 나쁜 영향을 주는 방류는 하지 않겠다."고 성명을 발표하였고, 세계 선진 7개국(G7) 정상들은 5월 20일 오는 7월로 예정된 후쿠시마 오염수 방류와 관련하여 "국제원자력기구(IAEA)의 안전기준과 국제법에 부합하게 이루어지고 인간과 환경에 어떤 해도 끼치지 않도록 하기 위한 IAEA의 독립적인 검증을 지지한다."는 성명을 발표했다. 또한 5. 21에는 우리나라의 후쿠시마 오염수 시찰단이 5박 6일 일정으로 일본 현지로 출국했다.

시찰단장인 유 원자력안전위원장은 이날 인천국제공항에서 취재진과 만나 "철저히 준비한 만큼 철저하게 점검하겠다."고 말했다.

하지만 일본이 오염수를 아무리 완벽하게 처리한다 하더라도 우리 국민은 심리적으로 불안한 게 사실이다. 따라서 과학적으로 안전하더라도 일본과 가까이 있어 불안해하는 한국 국민을 안심시킬 의무는 정부와 일본에 있다 할 것이다.

그럼에도 불구하고 국가를 대표하고 있는 윤석열 대통령은 오염수와 관련하여 국민들이 안심할 수 있도록 오염수 방류를 철저히 시찰하겠다든가 일본 총리와 더욱 철저한 검증 절차를 협의한다든가 하는 국민 담화를 발표한 일이 없다. 이점에 대하여 국민들은 의아스럽게 생각하고 궁금해하고 있다.

생각해 보면 윤석열 정부는 북핵 문제나 국제 관계 때문에 일본의 오염수 방류를 강하게 반대하기 어렵다고 할 수도 있다. 그렇다고 국민들의 우려를 모른 체 할 수도 없다. 이런 딜레마에서 나온 것이 일본 현지 시찰단이지만, 시찰단만으로는 제대로 검증하기 어렵다는 한계가 있다.

따라서 윤석열 대통령은 오염수 방류에 대한 강력한 반대 대신 기시다 일본 총리를 통한 완만한 검증을 유도하고 우리 정부의 시찰단을 일본에 파견하여 협의를 진행하면서 검증하는 방법을 취하고 있다고 보아야 하며 이것이 대통령의 담화(談話)를 가로막는 이유가 될 수도 있을 것이다.

한편 윤 대통령으로서는 오염수 방류를 철저히 검증하여 국민의 안심을 가져오는 것도 중요하지만 다른 한편 그에 못지않게 한·미·일 3국의 안보 체계를 굳건히 하여 북한의 핵 공격으로부터 국민의 생명과 안전을 지키는 것도 중요하다고 할 것이다.

그런데 우리는 G7 국가들과 기타 국가들이 중국을 제외하고는 핵 오염수 방류에 적극적으로 반대하지 않고 이유가 무엇일까 하는 점에 대하여 생각해 볼 필요가 있을 것이다.

먼저 일본 기시다 총리는 오히려 오염수 방류를 적극 추진하고 있는데 과연 오염수 방류가 인류의 생명과 건강에 아무런 피해가 없다는 확신을 가지고 있을까?

그다음에, 미국을 위시하여 G7 국가 및 기타 세계 국가들도 일본의 오염수 방류로부터 인류의 생명과 건강을 지켜낼 수 있다는 신념을 가지고 있을까?

우리는 일본의 오염수 방류에 대한 일본 기시다 총리의 적극적인 동의나 미국 바이든 대통령 기타 G7 국가 및 기타 세계 국가 지도자들의 침묵적 행위는 일본 오염수 방류의 안전성에 대한 의사표시의 표현으로 바라보면서 '그렇다'고 대답하고자 한다.

그러한 이유는 다음의 2가지 사실들로부터 유추될 수 있으리라는 강한 추정이 가능할 것으로 생각되기 때문이다.

첫째 과학적인 근거에 의할 때 일본의 방사능 오염수의 피해가 기준치에 미달하여 문제시되지 않을 것이다. 과학자의 과학적 판단에 의하여 오염수의 안전성 여부는 판단되어야 한다는 말이다. 과학적인 근거는 '오염수에 대한 정부의 대처방안'에서 예시한 바 있다.

둘째 지도자의 존립적 가치를 믿는다.

지도자가 오염수 방류를 통하여 국내적으로 국민들의 생명을 앗아가고 건강에 치명적인 타격을 준다면 지도자도 역시 생명을 잃어버리기 때문에 지도자의 존재는 파멸된다고 보아야 한다. 자기 죽으려고 오염수 방류를 허락할 사람은 없을 것이다.

또한 지도자가 국외적으로 세계 인류의 생명을 뺏고 건강에 치명타를 입힌다면 지도자로서 자격을 상실함은 물론 인간으로서 존립할 가치도 없다. 지도자는 인간으로서 존립할 가치 이상의 존재이어야 하기 때문이다.

이러한 두 가지 이유를 근거로 윤석열 대통령은 일본의 오염수 방류로부터 국내 수산업자는 물론이고, 국민 모두가 안심할 수 있도록 국민 담화를 발표하는 것이 시급하고 긴요하다고 할 것이다.

6. 역사 교과서 국정화 논란 사건

(1) 한국사 교과서 국정화 방침에서 폐지까지의 경위
 1) 한국사 교과서 국정화 논란
 중·고교 한국사 교과서는 정부수립 이후 검정으로 발행되다가 1974년 국정으로 전환되었다. 이후 2003년 근·현대사만 검정으로 전환되었고, 2011년에 모두 검정체제가 되었다. 한국사 교과서 국정화 논란은 2013년 고교 한국사 검·인정 교과서(뉴라이트 계열 학자들이 집필한 교학사 교과서)의 부실 파동이 계기가 되었다고 할 것이다. 2013년 교학사의 한국사 교과서가 교육부 최종 검정에 합격했는데 책 내용 중 상당 부분이 이념 편향(偏向) 논란을 일으키고 내용 자체도 오류가 많아 교과서로 부적합하다는 비판이 이어졌다. 이런 이유로 학교 현장에서 교학사 교과서 채택률이 0%가 되자, 정부는 고교 한국사 검인정 교과서 오류 사태 원인이 현행 검정제에 있다며 2014년 1월부터 역사 교과서 국정화 여부를 검토해 오다가 2015년 10월 국정화 방침을 확정하게 되었다.

 2) '국정 교과서 폐지'로 결정
 교육부가 2015년 10월 중·고교 역사(한국사) 교과서 국정화 방침을 공식 발표하였다. 2017년 5월 9일 취임한 문재인 대통령은 동년 5월 12일 교육 분야 첫 번째 업무 지시로 '국정 역사 교과서 폐지'를 내놓았다. 교육부는 5월 31일 중·고등학교 한국사 교과서 발행 체제를 국·

검정 혼용에서 검정으로 전환하는 내용으로 고시를 개정해 관보에 게재했다. 이로써 2015년 10월 국정화 방침 확정 이후 논란이 되었던 국정교과서 논란은 폐지로 결정되었다.

(2) 한국사 발행 체제의 종류

우리나라 중고교 교과서는 역사 교과서를 비롯한 국어, 수학, 사회, 과학 등은 2011년에 모두 검정 체제가 되었다. 그런데 이 중 역사 교과서만은 중고교생의 사고 작용이 완전히 성숙한 단계가 아니기 때문에 국가 정체성을 확립할 수 있는 장점을 살리자는 차원에서 국정 교과서를 채택해야 한다는 주장과 검정 교과서를 채택해야 한다는 주장이 충돌하였다. 그 당부의 논쟁은 뒤로하고 발행 체제의 종류를 간단히 살펴보고자 한다.

1) 국정교과서 : 정부가 교과서 집필자를 구성해 내용 감수·발행까지 맡아서 제작하는 교과서
2) 검정교과서 : 출판사가 집필진을 자체적으로 꾸려 교과서를 만든 뒤 정부의 심사를 받아 사용하는 교과서
3) 인정교과서 : 시·도 교육감의 인정만 받으면 학교에서 사용할 수 있는 교과서

(3) 역사 교과서 채택의 이론적 근거 및 보수와 진보의 당부 판단.

1) 우리나라 정치권에서는 민주당과 자유한국당(전 새누리당) 등의 주장이 상이하다. 더불어민주당은 "민주국가·선진 국가에서 국정교과서로 국사를 가르치는 나라는 없다" 또는 "국정교과서는 국가 정

체성(正体性)을 확립할 수 있는 장점도 있지만, 다양성을 훼손하는 단점도 있다"는 이론을 근거로 검정교과서 제도를 주장하였다.

이에 대하여 자유한국당은 "이념을 떠나 역사적 사실을 학생들에게 전달하기 위하여 국가 공인 교과서를 만들어야 한다"거나 "역사 교과서는 다양성이 필요하다는 주장은 맞는 말이지만 한국의 특수성을 감안할 때 세계에서 유일한 분단 지역인 한반도에서 역사교육은 남(南)이든 북(北)이든 국가가 관장할 수밖에 없다. 교과서를 내주는 것은 무장 해제하는 것이고, 우리 헌법 테두리를 벗어나는 교과서는 인정할 수 없다"는 이론을 근거로 국정교과서 제도를 주장하였다.

더불어민주당인 여당은 2003년 중·고교 한국 근·현대사 과목에서 검정 교과서를 사용하고 2004년 10월 금성출판사의 한국 근·현대사 교과서 좌편향 논란이 제기될 때까지는 야당이었고, 자유한국당은 새누리당으로 여당의 위치에 있었으며 현재의 여당인 민주당은 진보 좌편향의 속성을 띠고 있었고 현재의 야당인 자유한국당은 보수·우익의 성질을 가지고 있었다.

그런데 여기서 우리가 판단해야 할 사항은 보수·우익과 진보·좌익 중 그 어느 하나가 제거되어야 할 것이 아니고 보수와 진보를 아우르는 사고를 구성할 수도 있을 것이며 그러한 범위에서 보수·우익과 진보·좌익은 당부(當否) 판단의 대상이 아니라는 것이다.

2) 따라서 우리는 보수와 진보의 개념을 정립할 필요를 느낀다. 보수는 새로운 것보다 전통을 중요시하나 진보는 옛것을 벗어나 새로운 것을 추구하는 경향의 사고방식이라 할 수 있다.

보수는 새로운 것을 반대하고 재래의 풍습이나 전통을 중히 여기고 유지하려 하는 것으로 변화가 싫고 현재에 만족하는 것이나 진보는 변화하고 발전해 가는 것이라고 할 수 있다.

정치적으로 표현하자면 보수는 현 체제를 유지하면서 점진적으로 폐단을 개선해 나갈 것을 주장하는 정치단체를 말하고, 진보는 부정부패와 권력형 비리 등 폐단을 청산하기 위하여 전반적인 변화와 개혁을 주장하는 정치단체를 말한다.

보수와 진보의 뜻은 이처럼 대립하지만 공존할 수밖에 없는 것으로써 둘 중 어느 것도 맞다, 틀리다고 말할 수는 없는 것이다.

그런데 우리나라는 해방 후 남쪽은 우파, 북쪽은 좌파로 이념적으로 나뉘어 민족이 분단되었다. 따라서 좌파는 곧 북한을 말하고, 빨갱이, 좌익이라고 표현하였고 정부에 반대하고 저항하는 사람들을 말하게 되었다.

여기서 더 나아가 진보는 우리나라에서는 북한을 지지하고 추종하는 사람을 말하고 보수는 북한을 적으로 알고 북한의 위협과 만약에 있을 공격에 대하여 대한민국을 지켜내자는 사람을 말하게 되었다.

그러나 이러한 개념 정립은 대한민국이 세계에서 유일한 분단 지역이라는 한반도의 특수성에서 유래된 것일 뿐이라는 점을 인식한다면 마땅히 이러한 개념의 사용은 점차 지양(止揚)되어야 할 것이다.

결론적으로 보수와 진보가 표상하는 가치는 다음과 같이 말할 수 있을 것이다. 보수는 기득권층을 대변하며 기존의 가치를 지키고 사회질서를 중시하며 역사적 풍습과 정통성에 기반하여 성장과 발전을 꾀하는 것이고, 진보는 반 기득권층을 대변하며 경제적 분배와 노동권 보장 및 개인의 자유와 변화를 추구하며 발전을 꾀한다.

결국 보수 진보의 뜻과 철학은 모두 바람직스러운 세상을 만들자는 것이므로 방법만 다를 뿐 목적은 같다고 할 것이다.

따라서 역사 교과서 국정화 주장은 한국사가 국정화가 되건, 검정화가 되건 그것은 우리 청소년들의 올바른 가치를 추구하기 위한 여당과 야당, 보수와 진보의 건전한 가치 추구의 논쟁일 뿐이다.

7. 공기업체와 은행

(1) 공공 기관이란 공적인 이익을 목적으로 하는 기관으로서 국가 또는 지자체의 공무를 수행하는 관공서는 물론 공기업·준 정부 기관까지 포함하는 개념이다. 그러나 공공기관이란 협의로는 정부의 투자출자 또는 정부의 재정지원 등으로 설립·운영되는 기관으로서 '공공기관의 운영에 관한 법률' 제4조 1항 각호의 요건에 해당하며 기획재정부 장관이 지정한 기관을 말한다.

공공 기관의 운영에 관한 법률 제5조는 공공기관을 공기업과 준정부기관, 기타 공공기관으로 구분한다.

공기업이란 사전적 의미로는 사회공공의 복지를 증진하기 위하여 정부가 직·간접적으로 투자하여 소유권을 갖거나 통제권을 행사하는 기업을 말한다.

그러나 공기업의 법률적 의미는 공공기관의 운영에 관한 법률 제5조에 따라 직원 정원이 50인 이상이고 자체 수입액이 총수입의 2분의 1(50%) 이상인 공공기관 중에서 기획재정부 장관이 지정한 기관을 말한다. 또한 이 법은 공기업을 시장형 공기업과 준시장형 공기업으로 나누고 전자는 자산규모가 2조 원 이상이고 총수입액 중 자체 수입액이 85% 이상인 공기업으로 한국전력공사, 한국가스공사 등 14개이다. 후자는 시장형 공기업이 아닌 공기업으로 한국토지주택공사, 한국관광공사 등 21개이다.

공기업이 일반 사기업과 구별되는 것은 경영 주체가 국가나 지방자치 단체라는 것, 기업의 목적이 공익이나 국민 전체의 이익이라는 것이고 한편 일반행정 부처와 다른 점은 재화와 서비스를 직접 생산하며 공급하는 기업체라는 것이다.

준정부기관이란 사전적 의미로는 정부에 관계되는 일을 하는 기관에 비길만한 자격을 가진 기관을 말한다. 그러나 법률적 의미로는 직원 정원이 50인 이상이고, 공기업이 아닌 공공기관 중에서 공기업보다는 기업적 성격이 약하고 정부 업무를 수탁·집행하는 공공기관으로 기획예산처 장관이 지정하며 자체 수입액이 총수입액의 50% 미만인 기관을 말한다.

준정부기관에는 기금관리형과 위탁집행형이 있다. 전자는 국가재정법에 따라 기금을 관리하거나 기금의 관리를 위탁받은 준정부기관으로 국민체육진흥공단, 한국문화예술위원회 등 16개가 있고, 후자는 기금관리형 준정부기관이 아닌 준정부기관으로 한국승강기안전공단, 한국장학재단 등 73개가 있다.

기타 공공기관은 자체 수입액이 총수입액의 50% 이상이거나 미만일 때 지정되는 공기업이나 준정부기관과는 달리 이러한 수입 기준을 적용하기에 적절치 않거나 자율성을 보장해 주어야 할 공공의 목적이 있다고 판단할 때 정부가 지정하는 기관으로 서울대학교 병원, 대한적십자사, 대한체육회 등 208개가 있다.

이상 개괄적으로 살펴본 바와 같이 모두 332개에 달하는 공공기관은 법률적으로 공기업과 준정부기관, 기타 공공기관을 포괄하는 개

넘이고 정부가 투자·출자 또는 재정 지원을 통하여 설립·운영하는 기관이라는 점에서 3기관은 공통점을 가지고 있으며 다만 관여의 정도에서만 차이가 있을 뿐이므로 그 의미하는 바는 대체로 동일하다고 할 수 있을 것이다. 따라서 공기업과 준정부기관, 기타 공공기관을 포괄하는 공공기관을 일반의 통상적인 관행에 익숙해 있는 일반인의 관념에 따라 공기업이라는 의미로 사용하고자 한다.

먼저 우리나라 공공기관 즉 공기업 임직원 현황을 살펴보면 2016년 4분기를 기준으로 할 때 299,000여 명에 이른다. 이 숫자는 우리나라 전체 공무원 107만 명의 3분의 1에 육박(肉博)하는 숫자이다. 공기업체 332개를 운영하는데 과연 이와 같은 인원이 필요할 것인지에 대하여 누구나 의구심을 가지지 않을 수 없을 것이나 운영 주체는 정부이므로 인원 조정 여부에 대한 판단은 정부 정책 결정권자의 결정 사항이 될 것이다.

공기업체 직원들은 대기업체 수준의 봉급을 수령하면서 특별한 일 없이 정시에 출·퇴근하며 공무원보다도 봉급을 많이 타고 신분은 공무원과 동일하게 보장되는 '철밥통'이라고 대부분의 사람에게 인식되고 있다. 그런데 국민에게 그러한 인식을 각인시키는 근거는 그들이 수령하고 있는 연봉으로 충분히 짐작이 가능하다.

공기업체 직원 평균 연봉은 6,600만 원이 넘으며 공기업체 중 한국전력공사나 한국가스공사 등 소위 시장형 공기업체 연봉은 8,200만 원을 초과하고 있다. (2016년 4분기, 기획재정부 공공기관 알리오 참조) 물론 공기업체 임원직인 이사나 감사, 사장은 연봉이 2억을 초과하지만, 임원이 직원보다 봉급이 많은 것은 조직 사회의 체계상 어쩔 수 없는 현실이라 해야 할 것이다.

공기업체 직원들이 일반적으로 공무원에 비하여 월등하게 연봉을 많이 수령하고 있다는 것은 공기업체가 공무원 조직과는 다르게 기업체라는 특수성이 있다는 것을 인정한다 하더라도 경영 주체가 국가나 지방자치단체임을 감안할 때 그 시정이 불가피하다고 해야 할 것이다.

공기업의 부정부패 사례를 공무원의 부정부패 사례와 비교한다면 그 성격을 쉽게 파악할 수 있을 것이다. 공무원의 업무는 그 업무 집행 사실이 대부분 투명하게 공개되기 때문에 부정이나 비리가 발생하면 바로 노출된다. 따라서 대민 공무원의 근무 태만, 업무 거부 등은 물론이고 민원인과의 오랜 접촉을 통하여 야기되는 사기, 공갈, 횡령, 배임 등의 공무원 범죄가 일반인의 범죄와 함께 노출되는 현상이 발생하기도 한다. 그렇지만 옛날처럼 급행료를 지급해야만 서류를 빨리 발급해 준다거나 교통법규 위반으로 과태료 처분을 면제받기 위하여 교통경찰에 푼돈을 쥐어주던 관행은 옛이야기가 된 지 오래이며 대민 접촉 공무원의 부정은 많지 않은 것이 현실이다.

그러나 공기업체 직원들의 업무 집행 사실은 특별한 이해관계 있는 국민들에 의해 확인되거나 양심적인 내부 고발자에 의하여 고발되기 전에는 구체적으로 파악하기가 어렵다. 구체적인 정보가 없다면 그 대책을 강구할 수 없는 것은 당연하다고 할 것이다.

전국의 332개 공기업체 중 국민들이 가끔 접하고 있는 한국전력공사와 한국가스공사에 대하여 살펴본다면 먼저 한전은 검침원들이 1개월에 한 번씩 나와서 사용한 전력량을 측정하고, 한국가스공사는 중앙난방식 가스 사용 아파트 등에서 가스공사 관련 기술자들이 가스 설치나 점검 등의 필요에 의해서 확인하는 것이 전부이고 중앙 난방식 가스가 아닌 경우에는 민간업체로부터 가스 공급을 받을 뿐 한국가스공사와는 국민들이 일체의 접촉도 없는 것이 실상이다. 여타 대부분의 공기업체가 무슨 일을 하고 있는지에 대하여 일반 국민은 물론이고 특별한 이해관계인을 제외하고는 공무원조차도 무지한 상태이다.

따라서 정부는 공기업체 332개가 국민의 세금으로 운영되고 있다는 사실을 직시하고 그 업무 집행 사실을 국민에게 투명하게 공개해야 할 방법을 찾아야 할 것이고, 국민은 공기업체가 국민의 혈세를 어떻게 사용하는지를 파악하고 감시해야 할 것이다.

정부가 공기업체의 업무 집행 사실을 국민에게 공개해야 하는 이유로는 먼저 공기업체 직원이 많은 연봉을 수령하는 이유에 대하여 업무의 전문성이나 특수성을 설명하고 국민의 이해를 구하면서 구체적으로 설득시켜 국민의 오해를 불식시켜 줄 의무가 있기 때문이다.

둘째로 공기업체의 운영 주체는 정부이므로 정부는 기업의 사회적 책임을 국민에게 주지시키고 기업의 사회공헌활동을 강화시켜야 할 것이기 때문이다. 그럼에도 불구하고 현실은 그렇지 못하다. 즉 공기업체 직원들은 오후 5시만 되면 퇴근 준비에 바쁘고 만날 사람들과 시간 약속의 전화에 분주한 시간을 보내고 있다는 것이 일반적인 국민의 시각이다.

  결론적으로 30만 명에 해당하는 방대한 인력이 놀고먹으면서 국민의 혈세를 낭비하는 일만을 관행적으로 유지해 왔다고 할 것이다.

  차제에 공무원은 그 업무 집행 사실이 대부분 투명하게 공개되지만 투명하게 공개되지 않고 비리가 발생되어도 노출되지 않는 기관이 있다. 바로 검찰이다. 국민들이 폭행과 상해, 사기를 당하거나 기타 억울한 일을 당할 때 검찰에 고소를 제기하면 오랜 시간 아무 연락이 없다가 갑자기 경찰서로부터 연락을 받게 된다. 경찰관은 검찰로부터 사건을 이첩 받았다고 말한다. 그러면서 몇 월 며칠까지 경찰서로 출두하여 줄 것을 요구한다. 고소권자는 지역적으로 검찰에서 처리해 주는 것이 편리하고 피고소권자가 거주하는 경찰관서에 가는 것이 불편하거나 어려운 경우 등은 고려의 대상이 아님을 알게 된다.

  고소권자가 검찰청을 방문하여 이러한 사실을 항의하면 검찰청 사건과 직원은 해명하기를 "검찰청에 제기하는 사건은 95% 이상이 대부분 경찰로 이첩됩니다."라고 말한다. 그러면서 절도나 사기, 폭행, 상해 같은 시시콜콜한 사건에 검찰이 일일이 관여할 수 없다면서 거드름을 피운다. 그러면서도 재벌 기업 회장이나 장·차관 등 고위 공직자 수사는 경찰에 이첩하지 않고 자신들이 수사한다. 그러한 사건들을 검찰이 직접 수사하는 저의는 모든 사람들이 이미 간파한 지 오래된 일이다. 검찰이 고위 공직자와 재벌기업 회장들을 수사함으로써 검사의 권위를 거양하는 동시에 이권에 접근하기 위한 사고 작용일 것이다.

박근혜 전 대통령 수사에 있어서도 특검이 보여준 검사의 행태는 이러한 심리 작용의 일환일 것이다. 특검이 박 전 대통령을 수뢰죄와 직권남용죄 등으로 수사한 것은 현직 대통령 재직 중이었다. 우리 헌법은 "제84조에 대통령은 내란 또는 외환의 죄를 범한 경우를 제외하고는 재직 중 형사상의 소추를 받지 아니한다."고 규정하고 있다. 여기서 소추를 받지 아니한다는 말은 검사가 죄의 유무를 판단하여 공소를 제기할 수 없다는 말이다. 따라서 박 대통령이 현직 대통령 재직 중에는 뇌물을 받았다는 사실이 인정된다 하더라도 죄를 물어서는 안 된다는 것이 헌법 규정이다. 그런데 일부 헌법학자들과 검사들은 공소제기와 수사는 별개의 것이므로 공소제기는 못 해도 수사는 할 수 있다는 논리를 펴면서 현직 대통령을 수사했던 것이다.

그러나 논리적으로 판단한다면 범죄의 수사는 공소를 제기하기 위한 수단이며 공소를 제기하여 죄인에게 형벌을 과할 수 없다면 수사는 아무런 의미가 없다고 할 것이다. 따라서 우리는 헌법 제84조의 해석상 현직 대통령에 관하여 내란·외환죄 이외의 경우에 대하여는 공소제기도 못 하고 수사도 못 한다는 것이 타당하다고 해석하는 것이다.

따라서 이번 특검이 최순실 게이트 사건과 관련하여 현직 대통령을 수사한 것은 검찰의 또 한 번의 치명적인 상처가 될 것이다. 특검이건 검찰이건 차라리 검찰로서는 법률상으로나 도의상으로나 대통령은 수사할 수 없다는 입장을 표명하면서 이것이 검찰의 한계라고 고백했다면 그래도 최소한의 양심만은 살아있다고 국민들로부터 인정은 받을 수 있었을 것이라 생각된다.

그러나 검찰은 황혼의 들녘에 서 있는 박근혜 정부를 넘어뜨린다면 더 이상 검찰이 정치권력의 시녀가 아니라는 사실을 주지시키는 동시에 경찰이 못하는 수사까지도 검찰은 할 수 있다는 명성을 거양하기 위한 액션이라고 오판한 것 같다. 여기서 검찰이 명심할 것은 이제는 일반 국민의 대부분이 검찰 인력은 경찰 인력의 5%에 해당하는 7,000여 명(이 중 검사는 1,900~2,000여 명) 정도로 경찰의 협조 없이는 수사할 수 없고 내사·체포·연행·조사 등 일련의 수사 활동은 경찰이 주도적으로 행사하고 검사는 법률 적용만을 할 수밖에 없는 검사의 기능적인 업무 범위를 알고 있다는 사실이다.

앞으로도 검찰이 수사의 주도자로서 계속 수사권을 장악하고자 한다면 수사할 인력도, 능력도 없다(검찰은 내근 활동만 하기 때문이다.)는 사실상의 존재가 국민들에게 백일하에 드러나 있을 뿐만 아니라 1~2년에 한 번씩 터져 나오는 검사의 뇌물 비리 등으로 망신만 당할 수밖에 없을 것이다. 따라서 검찰은 이제는 수도승의 자세로 법률 적용을 주 업무로 기소권만을 행사하는 것이 검찰과 검사가 존경받고 살아남는 유일한 길이 될 것이라는 점을 인식해야 할 것이다. 물론 이러한 주장에 동조하는 인격과 교양을 갖춘 훌륭한 검사들이 있는 것도 사실이다.

다음으로는 시중은행 중 제1금융권의 부정부패 사례를 검토해 보고자 한다. 여기서 제1금융권에 속한 은행도 비정규직의 정규직 전환과 관련하여 갈등이 확산되고 있는 것은 공공기관과 동일한 현상이며 비록 은행이 공공기관은 아니라 해도 공공기관적 성격을 지니고 있음에 따라서 공공기관에 준하여 살펴보아야 할 것이므로 비정규직의 정규직 전환 이외에도 직원 간 업무 할당의 비형평성 문제와 출·퇴근의 차별성 문제도 은행원들의 인간적인 삶의 영역에 심각한 문제가 제기되고 있으며 사회적인 파장을 불러오고 있다는 사실에 우리는 주목하면서 함께 살펴볼 필요성이 있다고 생각하는 바이다. 은행이 비록 법적으로는 - 물론 시중은행이다 - 공공기관의 범주에는 속하지 않는다 해도 대중의 복리증진을 위한 공공 서비스적 성격이 강하기 때문에 국가정책이 접목되어야 할 필요성은 공공기관과 동일한 시각에서 바라보아야 할 것이며 또한 그 인적 구성도 지방은행을 포함한다면 제1금융권 은행원의 숫자는 수십만 명에 달하고 공공기관과 그 범위가 비슷할 것으로 보인다.

실제로 대중들의 일반적인 정서는 은행을 공공기관과 동일한 시각으로 받아들이는 경향이 강하다고 할 수 있다. 따라서 정부가 은행 내부에서 일어나는 상기 열거한 부조리와 비리 사항에 대하여도 적극 개입하여 정규직, 비정규직 문제와 동일한 차원에서 그 대책을 강구하여 금융업의 비리를 척결하는 동시에 금융업 종사자와 그 가족의 삶의 질을 제고해야 할 것이다.

은행에서 창구 직원이나 하급 직원들이 하는 일은 고객의 계좌관리 및 예금과 출금 기타 은행을 찾는 고객에 대한 상담 등이다. 그밖에 지점 내에서 차장 이상의 상위직에 있는 자는 업무의 시작과 마감 시 결재처리, 서류 검토 등이다.

그러나 청구직원의 진짜 일과는 오후 4시 이후 은행의 서터를 닫고 난 후부터 시작된다. 하루 종일의 업무에 대하여 정리하고 입·출금 숫자를 맞추고 나면 저녁 8시를 훌쩍 넘기는 것이 보통이라고 한다.

서터를 내리고 나면 은행 창구 직원의 진짜 일과는 시작되지만 차장 이하 직원들이 모두 바쁜 것은 아니다. 창구 직원을 제외한 차장 이하 직원들은 업무를 아는 직원과 모르는 직원, 업무에 무관심한 직원으로 분류된다.

업무를 아는 직원은 창구에서 근무하는 여직원으로서 고객의 계좌 관리 및 예금과 출금 관계의 이상 여부를 확인하지만, 창구 뒷자리에 근무하는 직원들도 업무를 아는 직원은 많다. 이들은 이미 창구 근무를 거쳐 일상 업무에 정통해 있다.

그런데 지점업무는 단순 업무이기 때문에 지점장을 제외하면 대부분의 경우 차장 이하의 모든 직원이 지위고하에 따라 업무를 세분화할 필요가 없다고 한다. 따라서 고참 직원 중 업무에 무관심하거나 업무를 모르는 직원이 업무를 하지 않고 시간만 때우는 비리 현상은 예금과 출금 관계 기타 업무를 오랫동안 방치 내지는 등한시하여 왔기 때문에 발생된 결과인 것이다.

또한 업무에 무관심한 고참이나 농땡이 직원들은 시간만 적당히 때우고 자기가 처리해야 할 업무를 동료 직원에게 부탁하거나 하급자에게 맡기고 퇴근하는 것이 관행처럼 굳어졌다 한다. 이런 직원의 숫자는 계량화할 수는 없지만 지점의 행원 중 3분의 1은 될 것이라는 것이 창구 직원들의 공통된 이야기이다. 이러한 직원들 때문에 주부 직원들도 오후 9시나 10시경에 퇴근하는 경우가 보통이라고 한다.

이러한 퇴근 관행이 오랫동안 계속되다 보니 열심히 일하는 남자 직원은 매일 오후 10시나 11시가 지나야만 퇴근하고 스트레스가 쌓여 가정생활이 힘들어지면서 병을 얻게 되는 경우가 많으며 견디다 못하여 전직이나 퇴직의 사례가 빈번한 것이 은행가의 현주소라고 한다.

전직(轉職) 문제보다 심각한 것은 직원의 자살과 득병 문제라 한다. 지점장 등 간부들은 일 잘하는 직원들이 변명하거나 저항하는 기미가 보이면 직원들을 왕따 시켜 버린다.

업무를 모르는 직원도 업무에 관심을 가지고 열중하면 모를 리가 없지만 업무 자체에 신경을 쓰지 않기 때문에 모르는 것이므로 업무에 무관심한 직원과 차이가 없다고 할 수 있다. 이들은 창구에서 고객을 상대하지 않으므로 아침에 출근하여 모닝커피 등으로 적당히 시간을 때우고 점심시간에는 밖에서 시간을 보내고 사무실에 들어와서는 필요한 전화를 걸거나 받으면서 그럭저럭 낮 시간 내내 빈둥거리면서 시간을 허송한다.

이들은 예금·출금 관계 확인하는 것 자체가 스트레스라고 말한다. 업무 자체가 재미가 없고 사무실에 앉아 있기가 힘들다고 말하지만, 이러한 이들의 행위는 은행뿐만 아니라 동료 직원에게도 결정적 피해를 준다.

한편 이럭저럭하다 보면 한 달이 지나가고 경력이 오래되었다는 이유 하나만으로 고액의 봉급을 수령한다는 매력 때문에 고참 직원들은 15년 또는 20년 이상, 견디어 왔고 당장 마땅한 직장을 구할 수도 없어

'월급 도둑놈'의 소리를 들어도 그대로 눌러앉아 자리를 지키고 있다.

 창구 여직원이 식사 중이거나 화장실에 가는 일이 생기면 본의 아니게 이들 남자 직원이 빈자리의 창구업무를 대행할 때가 있다. 이들은 고객이 요구하는 인출 금액을 늦게 인출해 주는 것은 별론으로 하고 금액까지 틀려 우왕좌왕하다가 사태 수습 후에 잘못되거나 지체된 입·출금 사실에 관하여 고객에게 사과하는 해프닝을 연출하는 모습을 우리는 보아왔다.

 그런데 이들의 업무 태만 사실을 지점장이 알고는 있지만, 이들이 은행의 큰 고객(錢主)을 끌어오는 경우도 있고 또 다른 직원의 경우에는 오래된 경력을 인정할 수밖에 없는 내부적 상황(소위 배경) 때문에 비리를 묵인하고 있다는 것이다. 따라서 이러한 상황 속에서 이들은 할당된 업무가 있어도 하지 않고 자신의 업무를 동료 직원이나 하급자에게 맡기고 퇴근하는 것이 일상화되어 있다고 보아야 한다.

 그러나 이러한 행태는 "모든 국민은 인간으로서의 존엄과 가치를 가지며 행복을 추구할 권리를 가진다."(헌법 제10조)는 헌법 취지에 위배된다.

 따라서 정부는 은행의 업무와 관련하여 직원 간 업무 할당 문제는 형평성 제고로 행원들의 업무량을 균등하게 배분하여 자기 책임하에 수행할 수 있도록 하고, 출·퇴근 문제는 모든 직원이 정해진 시간에 퇴근하는 칼퇴근으로 인간다운 생활을 할 수 있도록 정책을 수립하는 것이 시급하고 긴요할 것이다.

헌재(憲裁)는 용서받을 수 없다

제3장

역대 정부의 노동 정책

1. 노태우의 노동정책

(1) 노태우 전 대통령은 그의 회고록 '경제 정의화 민주화의 대가'(노태우 회고록 하권 33쪽)에서 다음과 같이 언급하고 있다.

… 6공화국을 출범시킨 나의 앞에는 민주화라는 절대적인 과제가 놓여있었다 … 1987년 6. 29 선언 이후 민주화에 대한 욕구를 수용해 가면서 경제정책을 수립하고 실천해야 하는 운명을 안고 있었다.

경제정의는 6공화국 초기부터 강조되었다. 박정희 대통령 18년과 전두환 대통령 7년의 성장 위주 과정 속에서 우리나라의 분배 구조는 이른바 '가진 이들'에게 유리하게 되어 있었다. 6. 29 선언과 동시에 터져 나온 노동자들의 요구에 부응하다 보니 누구라도 경제정의를 강조하지 않을 수 없는 시절을 만난 것이다… 재계에서는 산업현장에서 법치와 질서가 파괴되었다고 비판하는 사람들이 있었다.

그들은 정부가 통제할 것은 해줘야 하는 데 민주화를 명분으로 삼다 보니 방임해 버리는 바람에 노동 현장이 엉망이 되고 질서가 무너져 생산성이 주저앉았다고 주장했다.

또한 동 회고록 하권 35쪽 '경제 전환기의 논리'에서는 다음과 같이 언급하고 있다.

6공화국의 경제를 바라볼 때 정치적인 이유로 경제를 희생시킨 면이 있다는 시각도 있는 것 같다. 예컨대 기업주들은 1989년과 1990년 노사분규가 대대적으로 발생했을 때 정부가 왜 공권력을 동원해 대처하지 않았느냐는 점을 불만스러워했다. 먼저 6공화국의 역사적 소명과 책무가 무엇이었는지를 따져볼 필요가 있다.

정책의 비중이 민주주의와 경제정의로 갈 수밖에 없고 가진 이들 쪽에서 있는 한편이 어느 정도 희생될 수밖에 없었다.

(2) 여기서 노태우와 6공 정부가 주장하고자 하는 바는 경제정의와 민주주의라고 생각했다.

경제정의란 한 마디로 소득의 공정한 분배라고 할 것이다. 자본주의가 처음 도입되었을 때 시장은 보이지 않는 손에 의해 자동적으로 조절된다고 믿었다. 그런데 사실은 그렇지 못했다. 사람들이 간과한 것은 1억을 가진 사람이나 100만 원을 가진 사람이나 동일 선상에서 출발해도 결과가 비슷할 것이라고 생각했다. 그러나 세월이 흐르다 보면 돈 많은 사람이 더 많이 돈을 벌고 돈 없는 사람은 더 궁핍하게 되므로 자본주의 자체의 존립까지도 위태롭게 되었다. 여기서 도입된 것이 수정 자본주의였다. 대표적인 제도의 실천 사례가 누진세 제도이다. 누진세 제도는 많이 벌면 벌수록 세금을 내는 비율을 높여서 더 거두어들인 세금으로 상대적으로 빈곤층에 재투자하여 삶의 질을 평준화시키는 것이다. 선진국에서는 복지제도라는 형태로 누진세 제도가 실현되고 있다. 정당하게 노력하여 돈을 번다면 얼마든지 벌어도 이상할 것 없는 것이 자본주의의 특징이지만 현실적으로 정직한 사람이 떼돈을 버는 것은 불가능하다. 이것이 경제정의가 나오게 된 원인이다.

그러나 6공은 소득의 공정한 분배를 추구하는 경제정의의 이념에 반하여 노동자 위주의 정책을 실시함으로써 노동자의 배를 불리며 노사분규만 불러와 정국 불안과 무정부주의를 초래했다.

경제 민주화란 경제활동이 민주적으로 이루어지도록 개혁하는 것이다. 따라서 개인의 경제적 자유를 기초로 시장경제를 효율적으로 작동하여 경제적 평등을 최대한 달성하는 것을 말한다. 구체적으로 자유경쟁의 장점을 유지하면서 노동계급 기타 저소득층 계급도 일반 중산층과 똑같이 보호하는 것을 목표로 하는 활동을 의미한다고 할 수 있다.

현재 언론과 정치권에서 논의되는 점에 대하여 살펴보면 경제 민주화란 빈부격차 해소, 양극화 해소 등을 의미한다고 생각되며 대기업을 규제하고 중소기업의 입지를 강화하는 것도 포함된다고 볼 것이다.

경제 민주화를 경제 정의와 구별하는 것은 중요치 않으며 양자 모두 국민 각자에게 소득을 공정하게 분배하여 빈부격차를 해소함으로써 인간다운 삶을 유지하는 것을 목적으로 한다고 할 수 있다. 경제 정의와 경제 민주화를 구별해 본다면 경제민주화는 경제정의를 민주적으로 실현하는 수단이므로 경제정의에 포함된다고 할 수 있을 것이다.

양자 모두 그 기본은, 합리적 차별을 전제하고 있다고 보아야 한다.

(3) 정의란 무엇인가에 대하여는 견해가 다양하지만, 일반적으로 정의란 공정한 것 또는 누구에게나 평등하게 다루어져야 하는 원리라

고 말한다면 틀림없을 것으로 생각된다. 아리스토텔레스는 정의를 광의의 정의와 협의의 정의로 구별하고, 전자는 일반적 정의로써 법을 준수하는 것이고 후자는 특수적 정의로서 평등을 의미한다고 했다. 협의의 정의는 다시 평균적 정의와 배분적 정의로 나누며 전자는 절대적 평등을 의미하고 후자는 비례적 평등을 의미한다.

1〉 평균적 정의는 모든 사람이 동등한 대우를 받아야 한다는 가치로 정치·사법 분야에서 강하게 적용된다. 평균적 정의는 개인 상호 간의 매매와 손해배상 또는 범죄와 형벌의 균형을 찾아 적용되는 것이다.

a) 배분적 정의는 각자가 개인의 능력이나 사회에 공헌 기여한 정도에 따라 다른 대우를 받아야 한다는 가치로 사회 경제적인 측면에 적용된다. 이것은 전체와 그 구성원 간의 관계를 조화하는 정의로서 단체생활에 있어서 개인은 제 각각 상위한 능력과 가치를 가지고 있음을 전제로, 그 가치의 차이에 따라 합리적 차별을 해야 한다는 실질적 평등의 원리이다. '같은 것은 같게, 다른 것은 다르게' 원칙을 적용하면 배분적 정의가 이루어진다. 예컨대 일반 직원은 일반 직원의 봉급을, 과장은 과장의 봉급을, 사장은 사장 봉급을 받는 것이 정의라는 것이며 일반 직원과 과장이나 사장이 동일하게 봉급을 받는 것은 정의가 아니라는 것이다.

(4) 그러나 노태우는 '전환기의 논리' 항목에서 6공 정책 비중이 민주주의와 경제정의로 가기 위해서는 가진 이들을 어느 정도 희생시켜야만 노동자들을 보호할 수 있다고 하면서 노동자들을 희생시키지 않

는 것만이 민주주의를 실현하는 대가라는 논리를 펴고 있다. (노태우 회고록 하권 35쪽)

　민주주의란 다수의 이익을 위해서 소수를 희생시키는 것은 아니다. 따라서 다수의 이익을 위해서 노동자라는 소수 집단만을 정책적으로 희생시키는 것은 올바른 정책적 결단이 아니라, 다른 한편 민주주의란 노동자라는 소수의 이익을 보호하기 위하여 노동자 계급 이외의 다수의 이익을 희생시키는 것도 안 되는 것이다. 소수의 권익도 사회적 합의를 통해 보호해야 하는 과정이 민주주의라면 다수의 권익도 보호해야 하는 것은 너무나 당연한 이치이기 때문이다. '가진 이들' 쪽에 서 있는 한편이 누구인가? 노동자를 제외한 다수의 국민을 의미한다고 보아야 한다. 당시 노사분규로 인한 집단시위나 불법파업에 대하여 기업주는 물론 공무원을 포함한 전 국민이 정부를 외면하고 있었다. 물론 공무원도 노동자 즉 근로자에 포함되나 여기서 노동자는 편의상 공무원인 노동자보다는 기업체의 임금 노동자를 주요 대상으로 거론하며 논하고 있는 것임을 밝혀 두는 바이다.

　따라서 노태우 정부의 극단적인 노동자 보호정책은 민주주의 기본 이념의 하나인 평등권을 침해했다고 보아야 한다. 평등이란 배분적 정의가 그 주요한 내용이 되고 있음에도 불구하고 노조원인 기능직 사원이 일반직 사원보다도 임금이 높은 경우가 있는가 하면, 노조 조합장은 회사의 임원보다도 우대받고 있는 것이 현실이므로 배분적 정의라는 평등권의 입장에서 이는 잘못된 정책임은 분명하다.

(5) 그런데 문재인 정부는 우리나라의 가장 큰 기득권은 재벌이라며 재벌의 반성이 무엇보다도 중요한 시점이므로 재벌의 반성을 촉구하면서 재벌의 반성이 재벌개혁의 순기능이 될 것이라는 판단을 하고 있으나 이것은 노태우 정부와 같이 논리적 사고가 잘못되었다고 생각된다.

왜냐하면 우리나라 노동자의 노조 가입률이 10% 이하로서 90%의 노동자가 노동생산성에 전념하고 있음에도 기업의 생산성이 하락하는 현상이 발생하고 있는 점으로 볼 때 노동조합원 10% 횡포를 짐작하고도 남음이 있기 때문이다. 따라서 우리나라의 기득권은 노조, 특히 대기업의 강성 노조 조합장이라는 것은 의문의 여지가 없다고 할 것이다.

정확한 숫자를 계량화할 수는 없지만 강성노조 조합장 등 핵심 노조 간부는 수십 명에서 백 명 안팎으로 추정될 것이다.

(6) 노태우 정부는 우리 역사상 최대의 노사분규에 시달렸고 노동정책의 실패도 있었지만, 노태우는 89. 11. 28 런던에서 영국의 마거릿 총리와 정상회담 시 대처 총리로부터 노사관계의 비결에 대해 들은 조언을 간과(看過)해 버린 데 그 실패의 원인이 있었다고 생각된다.

영국 대처 총리 조언의 원문 내용은 아래와 같다.

「노사관계의 비결은 간단합니다. 일반노조원들은 순진하고 정직하고 부지런하게 일합니다. 문제는 노조 지도층인데, 그들이 모든 문제를 일으킵니다.

  그래서 노조지도자가 파업을 하려면 노조원 전체의 비밀투표에 의한 동의를 받아야 되도록 법을 고쳤습니다. 그랬더니 대부분의 근로자가 그에 가담하지 않았고 간혹 파업이 일어나기는 하지만, 그로 인한 피해가 있으면 그들에게 책임을 지우도록 되어 있습니다. 요는 노조 지도층의 독재적 권위를 분쇄해야 합니다. 그리고 사업장 출입 방해 등 부분파업에 대해서도 규제합니다…」라고 말한 바 있다. (노태우 회고록 하권 179~180쪽)

2. 박근혜·문재인의 노동정책

(1) 박근혜 정부는 2016년 1월 22일에 노·사·정 대화에서 최대 쟁점으로 부각돼 온 일반해고와 취업규칙 불이익 변경 요건 완화라는 양대 지침을 발표하였다. 물론 지침이라는 것이 가이드라인이기 때문에 양대 지침은 고용노동부 내부의 업무처리 기준에 불과하며 구속력은 없다 해도 노사관계에서 결정적인 영향력을 미치는 것이므로 노·사간에 첨예한 대립이 되었다.

그러나 2016. 12. 9. 국회가 박 전 대통령 탄핵소추안을 가결하고 이어서 2017. 3. 10 탄핵소추안이 헌법재판소에 의해 탄핵 인용으로 결정됨으로써 박근혜 정권은 무너지고 박근혜 정부의 노동 개혁은 추진력을 상실하였으며 근혜 노믹스도 역사의 뒤안길로 사라지게 되었다.

2017. 5. 10. 수립된 문재인 정부는 친노동 정책을 표방하고 2017. 9. 25 박근혜 정부의 핵심적 노동정책이었던 양대 지침을 공식적으로 폐기하였다. 그러나 우리는 여전히 양대 지침을 고찰할 필요성을 느끼고 있는 것이다.

먼저 일반 해고는 저성과자 해고를 뜻한다. 즉 노동자가 업무능력이 결여되거나 근무 성적이 부진한 경우 이러한 저성과자에 대한 해당 근로자를 해고할 수 있는 것으로 통상 해고라고도 한다. 경영상 긴박한 사유 등으로 가능한 정리해고와 구별된다.

그 다음에 취업규칙 불이익 변경 요건 완화는 노조나 근로자 과반수 동의 없이도 취업규칙을 변경할 수 있다는 내용이다. 여기서 취업규칙이란 사업장에서 근로자가 임금·근로 시간 등에 대하여 준수하여야 할 규칙이고, 불리한 변경이란 근로조건에 관하여 근로자에게 불리한 조항을 신설하거나 기존의 조항을 불리하게 변경하는 경우를 말한다.

(2) 현행 근로기준법에 따르면 노동자가 업무능력이 결여된 저성과자라고 해도 사용자가 정당한 이유 없이 노동자를 해고할 수 없고, 경영상 이유로 노동자를 해고하려면 긴박한 경영상의 필요가 있어야 한다.

그런데 박근혜 정부는 사용자인 기업의 경영실적을 제고하여 최고의 이윤을 내고자 하는 것이 기업의 최고 목표이므로 업무능력이 결여되거나 근무 성적이 부진한 노동자인 저성과자를 해고하는 것은 합리성의 원칙과 회사의 장래를 위해서는 당연한 것이라고 한다.

또한 취업규칙 변경 요건 완화는 노조나 노동자 과반수의 동의를 얻어야 하나 합리성이 있으면 노동자들의 과반수 동의를 얻지 않고도 취업규칙을 변경할 수 있도록 행정지침을 만들었다.

당연히 노동계의 강력한 반발이 따랐지만, 박근혜 정부는 '노동시장의 유연성 확보'라는 명분을 앞세워 도입한 것이다.

한편 문재인 정부는 2017. 5. 10 출범하자 "고용 노동부는 2017. 9. 25 박근혜 정부가 2016년 1월 '쉬운 해고'와 '노조 무력화'를 꾀하고자 시행한 노동 개악 '2대 지침'을 공식 폐기 한다"고 밝혔다.

박근혜 정부의 강력한 양대 지침 시행 의지를 보고 이에 맞추어 인사 운용계획을 짰던 기업들은 불과 2년도 안 돼 정부 정책이 180도 바

뀌자 "제대로 적용도 못 해보고 고용정책이 또 바뀌었다"며 "정규직 고용을 늘리는 동시에 저성과자 해고도 할 수 없다면 무슨 수로 생산성을 높일 수 있겠냐"고 답답해하고 있다.

문재인 정부에서는 노동자가 업무능력이 결여되거나 근무 성적이 부진하다는 이유 하나만으로 정당한 이유 없이 해고할 수 없다는 것이 기본적인 사고이다. 일신상의 사유를 판단함에 있어서는 해고가 근로자의 생존권과 긴밀한 관계가 있으므로 구체적·개별적·객관적인 판단이 요구된다는 주장이다.

또한 취업규칙 변경 요건 완화는 근로기준법 제94조 제1항에 의할 때 노동조합이나 노동자 과반수의 동의를 받아야 한다. 취업규칙을 작성 또는 변경하는 것은 원칙적으로 사용자의 권한에 속하지만, 취업규칙에 정한 근로조건 등에 관한 사항이 사용자의 일방적 의사에 의해서만 결정된다면 근로자에게 부당한 결과가 초래되기 때문에 노동조합이나 노동자 과반수의 동의를 받아야 한다는 것이 문재인 정부의 주장이다.

(3) 그렇다면 우리는 박근혜·문재인 정부에서 최대 쟁점으로 부각되어 왔고 박근혜 정부에서는 채택했으나 문재인 정부에 와서는 폐기된 일반 해고와 취업규칙 불이익 변경 요건 완화라는 양대 지침의 당부를 개관해 볼 필요가 있을 것이다.

먼저 일반 해고를 살펴보면, 정상적인 사용자(기업주)가 이러한 저성과자를 계속 고용함으로써 생기는 회사의 손해를 보전하기 위하여 근로자를 해고한다고 해서 비난받을 수는 없을 것이다. 이러한 평가는 다수의 근로자를 보호하고 회사를 살리는 합리적 행위라는 점에서 기업경영의 순기능으로 이해할 수도 있을 것이다.

즉 한번 고용하면 아무리 일을 못 하고 조직 분위기를 해쳐도 해고할 수 없다면 기업이 모든 직원을 정규직화할 기회는 영원히 올 수 없다는 모순이 생길 수밖에 없을 것이다. 고용주가 쉬운 해고를 할 수 있는 동시에 근로자도 자신의 노동력과 기술을 원하는 회사에 제공할 수 있어야 한다.

실업수당과 임대주택 공급 등으로 사회안전망을 강화하는 대신 저성과자를 합리적 기준과 절차에 따라 해고할 수 있도록 하여야 한다.

그러므로 박근혜 정부의 일반 해고에 대하여는 노동자나 사용자의 어느 일방에 편승하여 그 당부의 평가를 내리는 것은 부당하다고 알 것이며 사용자가 일반해고 제도를 운용하는 세부적이고 객관적인 경영 방법에 따라 그 당부의 평가가 결정될 것이라는 주장은 일단 타당할 것으로 생각될 수 있다.

그러나 문재인 정부는 일반 해고에 대하여 저성과자라고 하더라도 사용자가 정당한 이유 없이 노동자를 해고할 수 없고, 경영상 이유로 노동자를 해고하려면 긴박한 경영상의 필요가 있어야 한다는 요건을 절대적으로 고수함으로써 사용자를 너무나 옥죄고 압박하는 결과 기업이 살아나갈 길이 없게 된다. 기업이 살아야 노동자도 살고 기업이 이익이 남아야 그 이익을 사용자와 노동자가 공동으로 분배하는 보람을 향유할 수 있다는 것은 누구나 판단할 수 있는 상식에 속한다고 할 것이다.

그 다음 취업규칙 불이익 변경 요건 완화를 살펴보면, 박근혜 정부는 취업규칙을 작성 또는 변경하기 위해서는 노동조합이나 노동자 과반수의 동의를 얻어야 하지만 합리성이 있다면 노동자들의 과반수 동의를 얻지 않고도 취업규칙을 변경할 수 있다고 한다.

한편 문재인 정부에서는 취업규칙 불이익 변경 요건 완화라는 노동개혁 지침은 구체성이 결여되어 노동자들의 이익을 침해할 수 있기 때문에 반드시 폐기되는 것이 타당하다고 주장한다.

(4) 결론적으로 노동 개혁과 관련된 일반해고와 취업규칙 불이익 변경 요건 완화라는 양대 지침 중 일반 해고에 대해서는 사용자가 기업의 경영실적을 제고하여 최고의 이윤을 내고자 하는 것이 기업의 최고의 목표일 것이므로 업무능력이 결여되거나 근무 성적이 부진한 노동자인 저성과자를 해고하는 것은 회사의 장래를 위해서는 합리성이 있다고 판단되므로 박근혜 정부의 노동정책에 동의하지만, 취업규칙 불이익 변경 요건 완화는 합리성이 있다면 노동자들의 과반수 동의를 얻지 않고도, 취업규칙을 변경할 수 있다고 주장하는 박근혜 정부의 노동정책은 합리성이라는 용어가 너무나 추상적이므로 구체성이 결여되어 노동자들의 이익을 침해할 수 있다고 생각되므로 문재인 정부의 노동정책에 동의한다.

(5) 박근혜 정부나 문재인 정부나 추진하는 노동정책이 모두 다 정당하다고 볼 수 없고 그렇다고 모두 다 부당하다고 볼 수도 없는 것이다. 따라서 보수주의자라고 박근혜 정책만 지지한다거나 진보주의자

라고 문재인 정책만 지지하는 것은 있을 수 없다고 할 것이므로 자신의 정파나 사상을 떠나서 옳은 것은 옳다고 평가하고 부당한 것은 부당하다고 평가할 수 있는 입장을 바로 세울 수 있어야 세상을 지혜롭게 살아가는 사람이라고 할 수 있을 것이다.

그런데 노동정책에 대하여는 박근혜는 보수 또는 중도적 성향이라면 문재인은 극단적인 친노동 정책적 성향을 가진 사람으로서 노동자나 기업에 끼친 영향이 아주 크기 때문에 윤석열 정부의 노동 정책을 문재인 정부와 비교하는 의미에서 이하에서는 문재인 정부의 노동 정책에 대해서만 기술하고자 한다. 2017. 5. 10 수립된 문재인 정부는 2017. 9. 25. 박근혜 정부의 핵심적 노동정책이던 일반해고와 취업규칙 불이익 변경 요건 완화라는 양대 지침을 공식적으로 폐기하였다. 이 양대 지침의 폐기는 노동시장의 유연성을 확보하여 기업의 생산성을 높이고 국가의 경쟁력을 향상시키려는 조건에 찬물을 끼얹는 결과를 가져왔다. 이에 기업은 생산성이 추락함은 물론이고 해외로 이주하는 기업이 많아졌고 국가의 수출액은 급감하게 되었다.

문재인 정부는 한국노동조합총연맹(한국노총이라 약칭)과 전국민주노동조합 총연맹(민주노총이라 약칭)이 요구하는 노동자의 임금 인상과 근로 시간 단축, 비정규직의 정규직 전환이라는 문제를 적극 수용하고 기업을 압박하면서 한국의 우수기업과 중소기업체들에게 우수의 그림자를 드리우게 하였다.

특히 문재인 정부는 노동 조합장들의 불법파업에 방관자적 자세를 유지하므로 강경 노조조합장들은 불법파업을 유예·정지하여 주는 것을 조건으로 기업체로부터 막대한 리베이트(사례비)를 챙기게 되었다. 기업체는 강경 노조조합장과 협상을 하지 않는다면 오랜 기간 불법파업으로 수천억 원이나 수조 원의 손해를 감수해야 하므로 회사를 살려야 한다는 직업상 소명 의식을 가지고 그야말로 울며 겨자 먹기로 이제까지 협상해 왔다 할 것이다. 또한 노조 조합장은 회사의 상무나 전무급 이상의 대우도 받고 있다는 것은 이미 잘 알려진 사실이다.

이는 단순히 기업체만을 무너뜨리는 것이 아니고 국가 경제를 파멸시키는 것이므로 경제적인 고통과 부감은 고스란히 국민 모두가 떠안아야 할 국민의 몫이 되고 말았다 할 것이다.

따라서 윤석열 정부에서는 3대 국정과제중 제1의 과제인 노동개혁만은 철저히 이행하여야 할 것이다.

노동개혁이 시대적 소명이기도 하지만 우리 국가가 선진국에서 밀려나지 않고 우리 국민 모두가 잘 살기 위해서는 문재인 정부의 적폐인 노동조합장의 불법파업만은 뿌리를 뽑아야 하기 때문이다. 그 외 문재인 정부의 기본적인 경제정책과 노동정책의 실정(失政)을 개관해 보자.

1) 기본적인 경제 정책

문재인 정부는 출범 초기부터 부동산 가격 하락을 정부의 기본 정책으로 삼았다. 그러나 2020년에 급격한 전세가(傳貰價) 상승과 집값 폭등으로 부동산 가격 하락 정책은 역효과가 났다.

문재인 정부의 부동산 정책은 문재인 정부 지지율 하락의 큰 원인 중 하나이자 몰락의 원인이었다. 상당수 무주택자는 문재인 정부 이후의 집값 상승으로 인하여 문재인 정부에 대한 지지를 철회한 상황이었다. 유주택자들인 강남지역 및 부촌 지역의 보수층은 물론이고 그 외 서울의 민주당 지지층들조차도 문재인 정부와 민주당에 등을 돌리게 되었다. 유주택자 중에서도 비싼 주택을 보유하고 있고 문재인 집권기에 집값이 크게 뛴 강남권과 부촌 지역에서조차 크게 반발한 이유는 엄청나게 높은 세금을 내어야 하고 부동산 거래가 불가능해졌기 때문이다.

2) 여타 노동정책

문재인 정부의 기본적인 노동정책은 친노조 정책이다. 따라서 노동조합장들의 불법 파업에 대하여는 방관자적 태도를 취함은 물론 한국노총과 민주노총 산하 강경 노조 조합장들이 우리나라 기업체들의 생산력을 마비시켜 기업체와 노동자들에게 분배될 이익은 공중분해되었고 국가 경제는 파탄지경으로 내몰렸다 함은 기술한 바 있다.

부수적인 노동정책의 실정은 다음과 같다.

① 임금인상(최저 임금 인상)

최저 임금인상은 최저 임금 근로자에게 당장은 좋으나 자영업자 및 소상공인에게는 인건비 부담으로 다가오며, 이에 따른 부담은 고용 축소 및 물가 상승으로 이어지기 때문에 결국 노동자에게 부메랑이 되어온다. 또한 경영자들도 크게 반발한다. 최저 임금인상은 사업자에게 큰 부담을 지운다. 이러한 최저 임금의 급격한 상승은 단기적인 정책이 아니라 문정부가 집권하는 동안 계속되는 지속적인 정책이었다.

2018년 12월 통계자료에 따르면 최저 임금인상이 오히려 노동시간과 근무 시간을 줄이게 되어서, 결과적으로 생산이 줄고 매출도 줄어 모든 벌이가 줄었다고 한다.

　② 해고자 복직

　문재인 정부에서 친노동정책을 실시하면서 해고자가 복직하는 사례가 많아지게 되었다. 해고자 복직이 과연 정당했는가 문제이나 한 가지 사건만 열거해 보겠다.

　2009년 쌍용자동차에서 정리해고 된 후 파업 시위를 주도한 혐의로 징역 3년을 선고받았던 한상균 전 민주노총 위원장이 2020. 5. 1.부로 쌍용차에 복귀하였다. 불법파업으로 징역형을 선고받고 복역한 자를 11년이 지나서 복직시킨 문재인 정권의 처사를 옳다고 보는 사람이 있을까 심히 의심스럽다

　③ 공공 부분 비정규직의 정규직화

　문재인 정부의 비정규직의 정규직 전환 정책은 불평등 해소와 고용 안정이라는 측면에서 긍정적인 일면이 있다는 것은 인정된다.

　그러나 공평성은 노력, 능력, 재능을 함께 고려하여 똑같이 대우하겠다는 것이므로 그러한 조건들을 일체 고려하지 않는 기계적 평등의 평등지상주의와 결과까지 평등한 것은 아니라는 점을 간과(看過)하고 있다 할 것이며 이 점에서 비판받아야 할 것이다.

3. 윤석열의 노동정책

(1) 노동 개혁

윤석열 정부가 노동 개혁, 교육개혁, 연금 개혁의 3대 국정과제를 제시하면서 노동 개혁을 제1의 개혁 과제로 선정한 것은 전체 국민에게 매우 고무적이고 시의적절하다고 생각한다.

보는 시각에 따라 견해가 다를 수도 있겠으나 우리나라의 최고 부정부패와 비리의 상징은 국회의원과 노조 조합장이라고 할 수 있을 것이다. 국회의원은 민생 법안의 발목을 잡고 국가 경제를 파탄시켜 왔다. 노조 조합장은 파업 선동 등으로 기업체로부터 돈을 뜯어 왔으며 특히 공기업체 노조 조합장은 국민의 혈세를 원천 징수하면서 국민들의 원성의 대상이 되어 왔다. 이러한 2대 기구 중 노동 조합장 등 노조 간부를 개혁한다는 것은 모든 국민의 환영을 받기에 충분하다. 사람이란 본래 그 추구하는 삶의 목적이 항상 남에게 봉사하며 선량하고 가치 있게 살겠다고 설정하지만, 현실과의 괴리 때문에 선하게도 살고 악하게도 살기 마련이다. 따라서 떼강도나 떼도둑들도 대부분 선과 악, 공(功)과 과(過)가 병존하게 마련이다. 떼강도나 떼도둑들도 파란만장한 인생의 세파를 견디지 못하여 강도나 도둑질로 생계를 이어가고 있지만, 사람들의 눈을 피하여 대개 밤중에 작업을 하거나 사람들 보기가 두려워 복면을 하는 등 최소한의 예의를 갖추고 있다는 것은 그들의 가슴 속에도 선과 악이 공존하고 있다는 증거이며 자신의 행위가 나쁘다는 것은 알고 있는 것이다.

그런데 우리 사회에서 선과 악이 공존하지 않고 항상 나쁜 마음만을 가지고 세상을 살며 얼굴도 가리지 않은 채 남을 해코지만 하면서 세상을 활보하는 유일한 집단이 있으니 이름하여 노동조합이라는 기구다. 그 구성원들은 고개를 쳐들고 이마에는 '봉급 인상' '생존권 투쟁' '결사 항쟁' 등의 새빨간 글씨로 쓴 머리띠를 두르고 1년이면 수차례 많을 경우에는 수십 차례 거리를 활보하며 국민 전체를 불안과 공포, 고통 속으로 몰아넣으며 국민의 얼굴을 찌부러지게 한다. 우리는 노동조합이라는 이 집단을 국회의원 집단보다 훨씬 더 반국민적이고 반인간적인 면에서 우수하다고 판단하면서 일반적인 여론과는 견해를 달리하자 하는 바이다.

그렇다고 국회의원이 비리가 없다거나 그들의 인격적 가치를 긍정적으로 평가하는 것은 아니나 원래 정치란 가능의 예술을 창조하기 위한 진통의 과정이라고 생각할 때 일말의 이해를 할 수도 있을 것 같고 또한 대부분의 국회의원에 대한 비난에도 불구하고 아직도 극소수의 국회의원은 국민을 위한 새로운 가치를 부단히 추구하고 있다고 믿고 싶다.

(2) 노조 파업의 양상과 동향

노동조합이란 노동자가 주체가 되어 자주적으로 단결하여 노동 조건의 개선 기타 경제적·사회적 지위 향상을 목적으로 조직하는 단체이며 노동조합의 대표자가 노동조합장이고 노동조합장은 노조 조합원과 필수 불가결의 관계로서 노동자의 대리인이고 보호자이다.

따라서 노동조합장들이 노동조합원(노조원)들과 파업을 하는 것은 상호 간 이익을 위해서 좋은 일이며 보통 상부상조하는 일이 많을 것이다.

노동조합 조합장이란 이론상 노동조건의 개선 기타 노동자의 경제적·사회적 지위 향상을 목적으로 일하는 사람이지만 현실적으로 노동자를 위해서 일하는 것은 하나의 명분에 불과하고 실제적으로는 조합장 개인의 이익을 위하여 파업을 하고 회사를 겁박하여 파업 철회를 조건으로 리베이트(사례비)를 받아 내는가 하면, 장기간 파업을 중단시킨다는 협상안을 제시하여 회사로부터 사업권을 약속받는 등 온갖 수단을 동원하여 조합장의 실리를 챙기는 데 급급하고 있다.

일반 기업체나 공기업체의 노조 조합장의 행태는 비슷하지만, 일반 국민에게 미치는 영향의 파급효과가 공기업체가 훨씬 크기 때문에 우리는 공기업체 중에서도 2013년 12월에 발생된 철도 노조 파업 사건을 중심으로 그 불법 파업이 국가 경제에 미친 손해와 국민에게 미친 폐해를 상기해 보고자 한다.

당시 코레일(철도 공사)이 부담하고 있는 채무는 17조 5,000억이었고 매년 5,600억씩 적자를 내고 있었는데 이러한 철도 공사 관련 국가 채무가 국민 1인당 3~40만 원씩 세금으로 징수되고 있었다.

그렇다면 다른 유수 공기업체와 일반사기업체에서 노조 파업으로 인하여 국가 경제에 미친 손해와 국민에게 미친 폐해는 어느 정도일까는 우리의 상상을 훨씬 초월한다고 할 수 있을 것이다.

들리는 풍문에 의하면 노동조합원에게 노조 간부를 할 것이냐 국회의원을 할 것이냐고 질문을 하면 대부분의 노조원(노동조합원)은 노조 간부를 한다고 대답한다는 것이다. 노조 간부만 되면 회사에서 일도 하지 않을 뿐 아니라 고급 주택이 보장됨은 물론 거의 매일 룸살롱에서 술을 마실 수 있는 기회가 보장되기 때문이라는 것이다. (2023. 5. 5. 중앙일보 2면 참조)

  이러한 노조 간부들의 부정과 비리의 행태가 수년 아니 수십 년 동안 계속되고 있었음에도 불구하고 역대 정부가 몰랐을 리 없다. 특히 문재인 정부는 알고도 노조 간부들과 쿵짝을 맞추어 그들의 사기를 북돋아 주면서 파업을 묵인하는 등의 방법으로 기업에 수십조 원의 경제적 손실을 가져왔으며 그 손해는 고스란히 국민이 떠안게 되는 서글픈 비극을 초래하였던 것이다.

  (3) 노조조합장에 대한 윤석열 정부의 대처 방안
   1) 노동개혁 방법에 대하여는 여러 가지가 있겠으나 노동단체에 대하여 우선 돈줄을 죄는 것이 가장 중요한 대처방안이 될 것이다.
  따라서 윤석열 정부는 금년에 국내 최대 노동단체인 한국노동조합총연맹(한국노총이라 약칭)에 대한 국고 보조금 26억여 원의 보조금을 중단했다.
  2023. 5. 2. 고용노동부 측은 '국민 혈세가 투입되는 국고 지원 사업에 있어 정부는 지원 대상의 재정·회계 운영상 투명성을 반드시 확인해야 할 책무가 있다'며 회계 자료 제출 의무를 준수하지 않은 한국노총 등 노조에 대한 국고지원을 중단한다고 그 이유를 밝혔다.
  한국노총 조합원 수는 2021년 기준으로 123만 명으로 국내 상급 노동단체 가운데 최대 규모다. 올해 노동단체에 배정된 예산 44억 7,200만원 가운데 한국노총은 26억 원(58%)을 신청한 바 있다.

정부가 국고 보조금 지급과 관련하여 회계 자료 제출을 요구하자 한국 노총과 민주노총 등 양대 노총은 지나친 노조 간섭이라고 주장하면서 본부 차원에서 자료 제출을 거부했다. 어떤 노조 조합장은 회계자료 제출을 요구하는 정부에 대해 노조의 자주성을 침해한다는 발언을 했다고 하는데 정부로부터 보조금을 받는 주제에 과연 이런 말을 할 수 있을까 하는 의구심이 든다.

한국노총은 이날 공식 입장을 통해 "정부가 노조에 회계 관련 자료를 요구할 수 있는 법적 근거가 없다"며 "명백한 한국노총 탄압이며 노조를 돈으로 길들이려는 치졸한 수작"이라고 밝혔다.

생각해 보건대 국민 혈세가 투입되는 국고 지원 사업에 있어 한국노총이나 각종 노동조합이 어디다 돈을 사용했다는 회계장부도 확인하지 않고 정부가 돈을 지급한다는 것은 명백히 국민 모두를 배신하는 행위라고 할 것이다. 그럼에도 불구하고 한국노총이 국고 지원을 받고 회계자료의 요구를 받은 경우 법적 근거가 없기 때문에 회계자료를 제출할 수 없다는 주장은 남의 돈을 빌려 쓰고 차용증을 쓰지 않았으므로 돈을 떼어 먹겠다는 것과 같은 이치라고 생각된다. 설령 한국노총의 말대로 법적 근거가 없다면 그것은 정부의 입법 불비라고 보아야 할 것이다.

그런데 어찌되었건 윤석열 정부가 국정개혁 제1순위로 노동개혁을 주장하고 나섰다면 한국 노총 등 노동조합 등 노동조합에 국고 지원을 해주어야 할 법의 존부(存否)자체는 차치하고 국고 지원을 해줄 필요가 과연 있는가 하는 의문이 제기되는 것이 솔직한 심정이다.

노동조합을 협동조합과 비교한다면 양자 모두 조합원의 경제적·사회적 지위 향상과 권익 옹호를 목적으로 하고 있다. 협동조합은 조합원이 자체적으로 자본을 마련하여 자신들이 필요로 하는 사업 활동을 벌이고 있는데 반하여, 노동조합은 노동자가 고용주에 대하여 임금 투쟁이나 노동조건 개선에 주력하고 있는 점에서 차이를 엿볼 수 있다.

따라서 정부가 노동조합에 국고지원을 하고 있는 것은 노동조합의 주체인 노동자가 경제적 약자이므로 노동자를 도와주는 것이 평등의 원칙에 합당하다는 논리를 가지고 있는 것 같다. 그러나 이제는 노동조합의 조합원 특히 대기업의 노동자는 더 이상 경제적 약자가 아니다.

노동조합의 노동자는 모두 중산층 이상이며 노동자의 간부는 모두 상류층이고 노동 귀족일 뿐만 아니라 매년 기업을 상대로 파업을 벌여 국가 경제를 파멸로 이끌어 가고 있으므로 노조의 파업을 근본적으로 봉쇄하기 위하여 노동자가 파업하면 손해 본다는 선에서 윤석열 정부의 노동개혁은 시작되어야 할 것이다. 이제는 노동조합이 회계자료를 제출하면서 보조금을 신청해도 그들이 경제적 약자가 아니므로 정부는 보조금 지급을 거부해야 할 것이다.

노동개혁을 원칙적으로 봉쇄할 수만 있다면 법에 저촉되지 않는 어떤 물리력을 행사하더라도 노동정책은 정당화 될 수 있을 것이다. 대한민국 국민의 95% 이상이 노동조합의 파업에 진저리를 치고 있다는 것은 국민 모두의 공통된 사고 작용이기 때문이다.

2) 두 번째로 노조원과 비노조원의 구별에 따른 정부의 보호조치

이다. 예컨대 국내 상급 노동단체 가운데 최대 규모인 한국 노총 조합원 숫자가 발표상으로는 123만이라고 하나 그 실제적인 숫자는 그 10분의 1에도 훨씬 못 미친다는 사실이다. 그뿐만 아니라 대기업체나 중소기업체 실제 조합원 숫자도 마찬가지라고 보면 틀림없을 것이다.

그렇다면 노조원의 숫자는 어떻게, 왜 부풀려졌을까? 어느 공공기관 노사(노동조합과 사용자)는 단체 협약을 통해 노조 가입 대상이 되는 직원이 노조에 가입하지 않거나 노조를 탈퇴할 경우 해고하도록 규정하고 있다.

한편 다른 공기업 노사에서는 노조 간부가 금고 이상의 형이 확정되더라도 '조합 활동으로 인한 경우'라면 퇴직·해고 대상에서 제외하는 내용을 단체협약에 담는 경우도 있다. 그 이외 일반 대기업 노사도 위와 비슷한 경우로 추정된다 할 것이다.

이처럼 노조(노동조합)에 가입하지 않은 경우 해고하거나 노조를 탈퇴하면 해고하기 때문에 직장을 잃지 않기 위해 울며 겨자 먹기로 억지로 노조에 가입하는 노동자가 대부분인 것이 현실이다. 또한 노조 간부가 금고 이상의 형이 확정되면 퇴직·해고됨이 당연함에도 '조합 활동으로 인한 경우라면'이라는 탈출구를 만들어 노조원을 포용하는 등의 수법으로 노조원을 부풀려 왔다. 그렇다면 어찌하여 사용자인 기업이 노동조합과 그렇게 불리한 단체협약을 체결하였느냐고 반문하는 사람도 있을 것이나 그러한 협약을 체결하도록 방관한 정부가 그러한 질문에 답해야 할 것이라고 본다

그다음에 노조는 왜 노조원의 숫자를 부풀렸을까? 그 이유는 간단하다. 우선 작은 조직과 큰 조직은 협상력에서 큰 차이가 나기 때문에

노조원의 세력을 과시하여 노조의 요구조건인 임금인상 등 근로조건을 관철시키기 위한 수단이라고 보아야 할 것이다.

물론 노조원의 정확한 숫자를 파악하는 이유는 노조에 가입하지 않은 노동자나 노조를 탈퇴한 노동자가 해고되지 않도록 정부가 입법 조치를 해야 하고 노조 간부가 금고 이상의 형이 확정된 경우에는 퇴직·해고 조치를 확실히 취하기 위함이다. 그런 조치가 있어야 상대방인 노조의 실체를 정확히 파악할 수 있으며 정부의 구체적인 대처방안을 강구할 수 있기 때문이다.

한 마디로 불법적인 노조 활동에 대하여 정부가 구체적인 입법 조치를 강구해야만 그 원천 봉쇄가 가능하다 할 것이다. 정부가 노사에만 맡겨서는 노조의 파업을 사용자가 당해낼 재간이 없으므로 정부가 적극적으로 관여하여 노조 조합장으로부터 기업과 노동자를 모두 보호하고 국가 경제를 활성화시키기 위한 필요·충분조건이 정부의 구체적인 입법 조치의 강구라 할 것이다. 노동자는 대부분 노조 가입에는 관심이 없으며 생산능력에 따른 급료의 확실한 지급만이 그들의 관심 사항이다.

3) 세 번째로 불법 노조 활동에 대한 강력한 법 집행의 실현이다.

아무리 윤석열 정부가 불법 노조에 대하여 돈줄을 죄면서 압박하고 불법 노조 활동 봉쇄를 위한 입법 조치를 강구한다 해도 불법 노조원이나 노조의 핵심 간부를 해고·퇴직 시키거나 형사처벌로 그들을 사회와 격리시키지 않는다면 그들은 과거 문재인 정부 때와 같이 '노동조합을 종교단체처럼 취급해서 공시하지 않게 해 달라' 거나 노조에 회계자료를 요구하는 것은 노조의 자주성을 침해하는 것이니 회계 자료 제출 없이 정부 보조금을 조건 없이 지급해 달라는 행패를 계속 부릴 것이 자명하기 때문이다. 따라서 그들의 불법 활동에 대하여 솜방망이 처벌을 지양하고 강력하게 처벌하여 사회로부터 완전 격리시켜야 할 것이다.

오죽했으면 이명박 전 대통령도 이 지구상에서 그 어떤 나라도 한국의 노동조합 같은 세력은 없다고 언급했겠는가를 우리는 음미해 볼 필요가 있다 할 것이다.

노조 조합장이나 노조의 핵심 간부들은 더 이상 그 옛날 반상(班常)의 체계가 분명했던 머슴 돌쇠가 아니다. 자신들이 헐벗고 굶주릴 때 식사를 제공하고 직장까지 마련해 준 주인에게 복종하기는커녕 인사권과 경영권의 분배를 통하여 가게나 회사를 공동 체제하에 유지하자고 주장함은 물론 더 나아가 회사의 경영 상태가 좋거나 나쁠 때를 가리지 않고 매년 불법 파업을 주동하면서 자신들의 봉급 인상 및 이권만을 요구하고 있다.

노조 조합장·노조의 핵심 간부와 떼강도·떼도둑의 관상을 보면 확실히 다른 것이 보인다. 떼도둑·떼강도가 복면을 벗고 있을 때 그들의 얼굴을 보면 우수의 그림자가 드리운 연민의 얼굴을 첫눈에 알아볼 수 있지만, 노조 조합장 등의 얼굴을 보면 진짜 얼굴이 어느 것인지 구별할 수 없을 정도로 흉악한 여러 모습을 하고 있다.

우리가 노조 조합장의 행태(行態)를 유심히 관찰해 보면 이들이 가장 무서워하는 또 다른 세력이 있다는 사실에 주의를 기울일 필요가 있다. 그것은 다름 아닌 노동조합원이다. 노조 조합장이 해당 기업체에서 장악하고 있는 노조 조합원의 수는 극히 미미하다. 노조 조합원은 노조 조합장이 노조 조합원의 지위 향상이나 복지 향상을 위하여 파업을 하는 것이 아니고 노조 조합장 자신이나 민주노총 또는 한국노총의 위원장 등 간부의 지위 향상이나 경제적 이권을 취득하기 위하여 행동하고 있다는 것을 너무나도 잘 알고 있기 때문에 겉으로는 협조하는 체하지만, 내면적으로는 상호 반목과 불신을 하고 있다.

만일 노조 조합원이 노조에 공공연하게 반대 입장을 표명한다면 현실적으로 불이익이 크기 때문에 마지못해 협력할 뿐이다. 노조 조합장이나 노조 간부에게 진정으로 협조하면서 기업체에 반기를 드는 노조 조합원은 많지 않다 대부분의 노조 조합원은 회사가 망하면 노동자가 설 길이 없다는 것을 잘 안다.

따라서 노동 조합장 중 노조 간부는 회사와 그들이 싸움을 벌이면 노조 조합원은 결국 회사 편을 들 것이라는 불안 속에 떨고 있다 할 것이다. 형식적으로 노조 조합원이라는 것은 허구에 불과한 것이다.

이러한 노조 조합장과 노조원 간의 내면적인 상호관계를 간과(看過)한 채 득표를 의식하고 있는 어리석은 일부 국회의원들(주로 야당 국회의원들)은 노조 조합장 등 노조 간부에게 후한 대접을 함과 동시에 불법 노조 조합장이나 비리 노조 조합장의 편에 서서 그들의 불법이나 비리를 보호해 왔던 것이 사실이다. 그러나 이것이야말로 소탐대실이다. 불법이나 비리 노조 조합장의 득표는 취득할지 모르나 다수의 노조 조합원의 표를 잃는 것은 물론, 건전하고 상식 있는 일반 유권자의 득표를 몽땅 잃어버리기 때문이다.

정부는 향후 면직되거나 형사 처벌된 불법 파업자는 영원히 직장에 복귀할 수 없다는 본보기를 실천하여 더 이상 국민과 국가의 부를 창조하는 건전한 기업체가 불법파업에 희생되지 않도록 확실한 조치를 강구해야 할 것이다.

다시 한번 강조하지만, 윤석열 정부가 살아남기 위해서는 모든 국민과 노동조합원에게 독버섯과 같은 존재인 불법적인 강성 노동조합장을 반드시 제거해야만 한다.

그 방법은 간단하다. 우리나라 강성 노조 조합장은 수십 명에서 일백 명 안팎인데 이들이 불법파업이나 반정부 활동 시 이들을 구속하고 이 사회에서 영원히 격리시키는 것이다. 그러한 결단은 모든 국민과 기업체, 노동조합원으로부터 환영을 받을 것이다. 어떤 사람은 국민 95%의 환영을 받는다는 주장을 하기도 하지만 국민 99%의 환영을 받는다는 표현이 더 설득력 있을 것이다.

윤석열 정부는 노동 개혁 하나만을 실천하더라도 성공한 정부로 대한민국 역사에 영원히 기록될 것임을 믿어 의심치 않는다.

헌재(憲裁)는 용서받을 수 없다

제4장

주요 수필

행정관청 기타 공공기관 통화의 문제점

통화의 사전적 의미는 '전화로 말을 주고받는 것'이다. 따라서 전화기는 말을 주고받는 수단이 되는 도구라 할 수 있다. 전화기(스마트폰 포함)는 이전부터 현재까지 간단한 말을 주고받는 기능을 해왔다.

그런데 최근에는 개인적인 사적 통화를 제외하고 관공서 기타 공공단체와 통화를 할 때 모든 사람이 불편해하는 것은 물론이고 심한 고통을 느끼고 있다고 한다.

먼저 불편한 점으로는 관공서 기타 공공단체에 전화를 하면 수화자가 전화를 받지 않고 콜센터로 전화가 연결된다. 콜센터에 해당 과나 담당 부서의 연결을 부탁하면 무슨 업무로 전화했느냐고 콜센터 직원은 반문한다. 해당 과나 담당 부서가 세분되어 업무가 분장되어 있고 분장 업무를 담당하는 직원의 전화가 비치되어 있는 관계로 콜센터 직원이 상황을 판단하여 해당 업무의 담당자에게 연결해 주기 때문이다. 그 사이에 통화가 중복되는 등의 이유로 "통화량이 많아 연결할 수 없으니 잠시 뒤에 전화해 주십시오." 하는 멘트(announcement)가 뜨거나 멘트가 뜨지 않고 분장 업무를 담당하는 직원에게 연결된다 해도 담당 직원이 부재중이니 잠시 후에 전화해 달라는 말이 나온다. 전화를 끊고 5분가량 지난 후 다시 통화를 시도하면 운 좋게 통화가 되는 수가 있으나 담당자가 통화 중이거나 부재중인 경우가 대부분이므로 통화를 못하게 된다고 보면 거의 틀림이 없다. 통화에 심한 불편을 느낀다는 점이다.

그다음에 통화 중 심한 고통을 느끼는 점은 콜센터 직원과 연결이 되기 전이나 된 후부터 수많은 멘트(announcement)가 계속된다는 것이다.

예를 들면 "고객 응대 직원에게 따뜻한 대화 부탁드립니다. 지금 상담사 보호 조치가 시행 중입니다. 상담원도 여러분의 소중한 가족입니다" 등으로 시작하여 대화 내용이 중반전으로 들어가면 "폭언·욕설·부적절한 통화는 녹음될 수 있습니다. 그뿐만 아니라 폭언 욕설 등은 고발 조치 될 수 있음을 알려드립니다. 30분간의 장시간 통화는 자동 종료될 수 있음을 알려드립니다." 이렇게 되면 전화를 걸고 있는 송화자에게는 아예 협박이라고밖에 달리 표현할 길이 없다. 전화를 건 송화자의 송화 내용을 들어보지도 않고 '너 전화할 때 조심해 잘못하면 크게 다쳐' 하는 의미가 내포되어 있다고 볼 수 있다. 어떤 송화자가 수화자에게 이유 없이 폭언·욕설을 한다고 '통화 내용은 녹음될 수 있다'는 협박을 하는가 이 말이다. 일반사람들이 행정관청 기타 공공기관에 통화를 하는 이유는 사람마다 다를 것이지만 권리를 취득하거나 의무를 이행하기 위하여 정보를 확인하는 것이 대부분일 것이다.

예를 든다면 불량배에 폭행을 당하여 고소하기 위해서는 경찰서에 통화할 필요성과 권리가 있는 것이고, 마을버스 승강장 설치를 요구하기 위해서는 시청에 그 방법과 절차를 문의해야 할 것이다. 한편 납세 의무를 이행하기 위해서는 세무서에 통화를 하여 구체적인 방법을 상담할 수도 있는 것이다.

위와 같은 권리행사나 의무 이행을 위해서는 행정관청이나 기타 공공기관에 통화가 필수적이므로 자연스럽게 연결이 되어야 할 것임은 지극히 당연하다 할 것이다. 그러나 행정관청 측면에서 본다면 일반 민원인 등을 전화로 상대하는 것은 힘든 일이고 민원인의 요구사항을 전화로 설득이 어려운 경우가 있을 수 있으므로 콜센터를 통한 행정관청의 업무 세분화 절차를 거쳐 업무의 효율성을 제고하려는 취지는 일면 설득력이 있다. 그럼에도 불구하고 복잡한 행정절차로부터 오는 부담은 고스란히 민원인 등 일반 국민의 몫이 되고 있다는 점에서 그 설득력은 비판받아 마땅하다. 이러한 행정 편의적인 발상은 민원인들의 통화의 불편을 제거하기 위해 신속히 시정되어야 한다. 이러한 행정 편의적인 발상 때문에 80대는 물론이고 6~70대 노인들도 행정관청 등에 전화하는 것을 꺼리고 특히 시골에 사는 50대의 저소득층이나 농민 노무자 등은 기관에 대한 통화 기피증을 가지고 있으며 그것을 골치 아픈 일로 생각하는 것이 보통이라고 한다. 도대체 통화 자체가 불가능하기 때문이다.

이들이 가끔 행정관청 등에 통화가 될 때 폭언이나 욕설을 하는 경우가 있다 하나 대부분 이러한 심리적인 불만이 쌓여 있던 것이 폭발한 것으로 보아야 할 것이다.

노인들이나 시골 거주하는 주민들이 행정관청 등에 통화를 시도하다 30분이나 1시간 만에 통화했다는 등의 이야기도 있지만 전화기를 들고 씨름하다 결국 통화 중에 걸려 못했다는 하소연이 훨씬 많다고 보아야 할 것이다.

그렇다면 정부나 공공기관은 꼭 필요한 전화(유선전화와 무선전화인 핸드폰)를 국민들과 아무런 불편 없이 유기적인 연락 체계를 구축할 수 있는 방법이 무엇인가를 시급히 검토하고 그 대책을 강구하는 것이 긴요하다고 할 것이다.

우리는 2가지 대책을 제시하고자 한다.

먼저 콜센터를 통한 행정관청 등의 업무 세분화 절차를 단순화하여야 할 것이다. 예를 들어 기초자치단체인 시군의 경우는 조금 단순하지만, 광역자치단체의 경우 콜센터가 해당 부서를 판단한 후 업무 담당자에게 연결할 때 전화는 통화 중에 걸리거나 담당자 부재 중인 경우가 십중팔구다.

따라서 이때는 해당 부서의 다른 직원이나 담당자의 차상위자가 전화를 받아 민원인 송화자의 불편을 해소해 준다면 유기적인 연락 체계를 구축할 수 있을 것이다. 광역시나 도 단위 행정관청의 경우 차상위자는 계장(팀장)인 경우이고, 공공기관의 경우 차상위자는 과장인 경우가 보통이나 이들은 직접 전화를 받는 경우는 드문데, 이유인즉슨 자기들은 실무자가 아니기 때문이라고 말한다.

유기적인 업무체계의 구축 상 시급히 시정될 사항이다.

두 번째로 송화자가 정부의 행정관청이나 공공기관에 전화하면 바로 시작되는 멘트를 하루속히 단순화하거나 중단해 주기를 바란다. 보통 5분 정도 계속되나 통화가 많아 연결할 수 없는 경우는 통화할 때까지 10분 이상이 걸릴 수도 있다.

송화자가 정부의 행정관청 등에 통화하는 이유는 수화자와 통화하고자 하는 것뿐이다. 그런데 수화자의 목소리는 들리지 않고 이상한 소리를 녹음하여 그 소리를 재생시켜 주면서 송화자의 심기를 자극하여 범죄인 취급하는 것이다.

　이러한 행위는 두 가지 효과를 가져온다. 첫째는 송화자가 기분이 상하여 행정관청이나 공공단체에 전화를 하고자 하는 마음을 차단하게 하며 둘째로 헛된 시간이 소비되므로 다른 방법으로 통화의 효과를 충족시키기 위해 통화를 중단하게 된다.

　일반적으로 송화자가 정부의 행정관청이나 공공기관에 통화하는 것은 기술한 바와 같이 권리를 취득하거나 의무를 이행하기 위한 정보 확인일 것이며 송화자의 99%는 통화의 순기능을 수행하고 있다 할 것이다. 송화자의 1% 이하는 행정관청이나 공공기관에 불손한 언동으로 정보를 문의하거나 다른 한편 폭언 욕설을 하면서 통화의 역기능을 수행할 가능성을 배제할 수 없는 자도 있을 것이다.

　그렇다면 정부나 공공기관은 통화의 역기능을 수행하는 1% 이하의 위해를 예방하기 위하여 99%에 해당하는 통화의 순기능에 불편과 고통을 주면서 역설적인 정책을 집행해 왔다고 할 수밖에 없을 것이다.

　행정관청 등은 통화의 문제점에 관하여 시급한 발상의 전환을 통하여 송화자의 불편과 고통을 제거해야 할 것이다. 이러한 발상의 전환이 하루빨리 정책적 결단으로 이어져 서민 대중의 막혔던 가슴을 뻥 뚫어 주기 바란다.

2023. 5. 10.

인간의 경쟁의식

모든 생물체는 경쟁 속에서 생존하는 존재이지만, 인간 역시 그 경쟁에서 살아남는 자만이 건재할 수 있다. 이 생존경쟁(生存鏡爭)의 메커니즘은 새로운 경쟁의 레이스를 벌이게 된다. 좋은 대학에 가기 위해, 일류기업에 입사하기 위해, 더 많은 돈을 벌기 위해 우리는 끝없는 경쟁을 한다.

경쟁의 필요성이 우리 사회생활의 현실이라는 점을 부인할 수는 없지만 조용히 명상에 잠겨 사람의 삶의 목적(目的)이나 가치(價植)라는 큰 틀에서 바라볼 때 경쟁이라는 단어는 너무나 작은 조각으로밖에 보이지 않는다. 너무나 이기적이고 몰가치(沒價植)적이다.

그러나 경쟁은 자신을 성찰(省察)하고 미래 비전(Vision)의 방향을 설정하며 새로운 가치를 추구하는 촉진제(促進製)가 된다. 경쟁의식 속에서 과학이나 의학 등의 학문이 발전하고 인류가 성장하게 된 역사적 사실을 부인할 수 없기 때문이다.

그런데 우리는 경쟁의 양면성을 인식해야 할 것이다. 경쟁이란 양날의 칼과 같아서 개인의 발전은 물론 국가와 사회를 발전시키는 동력이 될 수도 있지만, 파멸을 가져올 수도 있는 것이다. 나 스스로를 향상시키는 것은 국가 사회의 발전에 기여할 것이나 상대방과의 경쟁에서 오직 이기기 위하여 상대방을 끌어 내린다면 사회나 국가의 미래는 없다고 할 수 있다.

경쟁의 순기능을 회복하여 국가나 사회에 활력을 불어넣기 위해서는 사회 제도적 변화가 절실하다. 부와 권력을 특정 세력이 독점하지 않고 모든 사람이 공정하고 정의로운 경쟁의식 속에서 동등한 기회가 주어져야 할 것이며 공정한 경쟁의식이 동반되지 않는 제도적 변화는 저지되어야 할 것이다.

정부는, 공정하고 정의로운 경쟁의식이 성숙될 때, 제도적 변화를 과감하게 추진하는 결단을 보여주어야 할 것이다.

2017. 1. 10.

성완종 리스트 파문의 교훈

　성완종 리스트 파문(2015. 4. 9.)에서 '리스트'의 등장인물 8명 중 단 한 명도 성완종으로부터 돈 받은 사실을 인정하지 아니했다.
　먼저 성완종으로부터 10만 불을 받은 것으로 의심되는 김기춘 전 대통령 비서실장은「돈을 건넸다고 하는 시점에는 독일에 있었다. 고인이 아니라면 대질이라도 하겠는데, 참 난감하다. 허황한 소설이고 황당무계하다. 비서실장이 된 이후로 그를 만난 적도 없다」고 했다. 통화 마지막에 그는「저는 그런 식으로 살아오지 않았습니다」라는 점잖은 말까지 가미했다. 지금까지 밝혀진 바로는 그는 성완종 회장과 40여 차례 통화한 것으로 밝혀졌다.
　허태열 전 실장도 7억 원을 받은 것으로 되어 있으나 그 역시「그런 금품 거래는 상상조차 할 수 없다」며 종적을 감추어 버렸다.
　이완구 전 총리도「그 사람은 잘 모른다. 개인적으로 친밀한 관계가 아니었다」고 거짓말을 한 것이 들통나 결국 총리직을 사임했다.
　이병기 비서실장은「금품 관련이 아니라 부탁을 안 들어줘 인간적인 섭섭함을 느껴 써 놓은 것 같다」고 나름대로 해석하며 변명했다.
　홍준표 도지사는 1억 원을 받은 것으로 되어 있으나「내 이름이 왜 거기에 있는지 모르겠다」는 식으로 자신의 치부를 가리고 있다.
　2억 원을 받은 것으로 성완종 리스트에 올라있는 홍문종은 기자회견을 자청해「너무 황당무계하고 있을 수 없는 일이라서 도대체 왜 이런 일이 일어나고 있는지 알 수가 없다」고 하면서 성인군자도 입에 올리길 두려워하는「하늘을 우러러 한 점 부끄러움이 없다」는 시 구절까지 인용하는 담대성을 보여주었다.

2억 원을 받은 서병수 부산시장이나 3억 원을 받은 유정복 인천시장도 리스트에 올라 있으나「전혀 사실이 아니다. 친분관계가 없다」고 말했다.

최근 발생된 성완종 사건을 위요하고 성완종 리스트에 거명된 핵심인사 8명은 물론이지만, 그중에서도 이완구와 그 외 인물로 반기문 씨 등이 특히 세인의 이목을 끌고 있다.

먼저 반기문 UN사무총장은 정치인은 아니고 본인의 고사에도 불구하고 차기 대권주자로 거론되고 있으며 성 전 회장이 자살 직전 언론과의 인터뷰에서「내가 반기문과 가까운 것은 사실이고 반 총장 동생이 우리 회사에 있고, 반 총장이 충청 포럼 멤버이며, 반 총장이 충청 포럼 행사에 자주 참석했다」고 언급하고 있는 점을 감안할 때 성완종과 가까운 사이라는 추정이 가능한 것 같다.

그럼에도 불구하고 반 총장은 2015. 4. 16. 워싱턴 D.C의 내셔널 프레스 클럽 초청 강연에서 강연을 마치고 참석자들과 일문일답을 하면서 질문을 받지 않았음에도 성완종 사건에 대해「언론보도를 보고 성 전 의원의 자살 관련 내용을 알고 있지만 이번 사안은 나와 전혀 상관이 없고 '충청 포럼' 등 공식 석상에서 본 적은 있고 누군지는 알고 있지만, 특별한 관계는 아니다」라고 말했다.

한국 국민들이 반 총장이 성완종 전 회장과 얼마나 친하게 지냈냐고 물은 사실이 없었음에도 불구하고 성완종과 특별한 관계가 아니라는 사실을 강조하였다는 것은 자신의 양심을 속여서라도 현재 유지하고 있는 인기를 관리하고자 하는 저의라는 추정이 어렵지 않은 것이라고 본다.

한편 이완구 전 총리는 「19대 국회에서 국회의원 1년 가까이 한 것 이외에는 특별한 인연이 없다」고 하였으나 수사기관이 성 전 회장의 통화 기록을 분석한 결과 2014년 3월 이후 두 사람 간에 착·발신 기록이 210차례가 넘는 것으로 나타났다. 또한 성완종 전 회장이 자살하기 전 경향신문과 통화에서 「2013. 4. 4 이 총리에게 3,000만 원을 전달했다」는 발언이 공개되었다. 이 총리는 성완종 전 회장의 발언에 대해 「그날 성 전 회장을 만난 적이 없다. 어떠한 증거라도 나오면 제 목숨과 바꾸겠다」고 말했다.

특별한 인연이 없는 사람과 1년간 210여 차례나 통화했다는 것은 납득할 수 없는 사실로 판단할 수 있으며, 따라서 이완구 전 총리는 거짓된 진술을 하고 있다는 것은 분명하다고 할 것이다.

죽은 자는 말이 없지만 사람이 죽을 때는 결코 양심을 속일 수 없다는 것이 하늘의 이치라고 생각한다. 이러한 논리에 따라 성완종 리스트에 거명된 자들이나 직·간접으로 관련된 자들의 수뢰 사실은 모두 진실일 가능성이 높다고 본다. 물론 성완종 씨가 착각을 일으킬 수 있다는 예외는 있겠지만….

만일 반기문 전 총장이 「나는 성완종 전 회장과는 평소 특별한 친분 관계를 유지하고 있다. 능력이 부족한 나를 차기 대권주자로 부상시키기 위해 노력한 것도 사실이다. 그러나 나는 UN사무총장 일을 수행하는 것만도 벅차서 대권주자 수락을 거절하였다」라고 말했거나 이완구 전 총리가 「나는 성완종 전 회장과는 평소 가깝게 지내고 있다. 그러나 그분이 많은 사람에게 뇌물을 건네다 보니 잠시 착각하여 다른 사람에게 준 돈을 나에게 3,000만 원을 준 것으로 착각한 것 같다」고 말했다면 반기문 전 총장이나 이완구 전 총리 두 분은 정치적으로 얼마나 능력이 있느냐는 평가자의 주관에 따라 달리 해석될 수 있는 문제이겠지만 적어도 인간의 윤리적인 판단 대상인 정직성 여부에 대하여는 부정직한 사람이라는 평가는 듣지 않았을 것이다.

  우리는 성완종 리스트 파문을 통하여 국가의 지도자가 되려면 첫 번째 덕목으로 정직한 사람이 되지 않으면 안 된다는 교훈을 깨우쳐야 할 것이다.

2015. 4. 15.

유명 인사의 의식구조

김하중 전 통일부 장관은 2001년 10월부터 6년 5개월 동안 주중대사를 지냈고, 2008년 3월부터 2009년 2월까지 통일부 장관을 지냈다.

김 전 장관은 2015년 3월 14일 조선일보와의 인터뷰에서 "장관 퇴임식 다음 날 수십 년간 알던 사람 전화번호 다 지웠다." "2009년 2월 12일까지 알았던 사람 중 99%는 지금까지 만난 적이 거의 없다."라고 말했다.

김하중 씨의 이 말을 듣는 사람은 사람에 따라 해석이 달라질 수도 있겠지만 한 마디로 너무나 이기적이고 타산적이라는 느낌을 떨쳐버릴 수가 없다. 대사나 장관 재직 중 많은 사람과 인적 관계를 쌓는 동안 상대방에 도움을 줄 수도 있었을 것이고 많은 도움도 받았을 것이다. 그렇다면 많은 도움을 받은 이들에 대하여 인간적인 답례를 해야 할 순서가 되었다고 보는 것이 보통 사람의 심리상태가 아닐까 생각된다. 그런데 그러한 도리를 포기하겠다는 것이 아닌가!

물론 본인은 "국민 세금 받고 나라 위해 살았다. 세금으로 얻은 지식과 경험을 회사나 특정 조직을 위해 쓰는 것은 안 된다."고 말하고는 있으나 그의 진심이 무엇인지에 대해서는 의심하지 않을 수 없다.

거창하게 오직 나라를 위해서만 살았다는 표현은 차치(且置)하고서 자신과 이제까지 형성해 놓았던 인간적인 신뢰(信賴)와 정리(情

理)를 유지하면서 자신에게 도움을 주었던 사람들에게 최소한의 답례를 해야 할 자세는 필요하지 않을까 생각된다.

　물론 장관을 그만두었으니 찾아올 사람도 없겠지만 세상에 초연(超然)하다는 입장을 표명함으로써 자신의 권위와 인기를 거양(擧揚)하려는 의도라는 생각을 지울 수가 없다.

2015. 3. 16.

국회 개혁의 시급성(時急性)

　군주(君主)란 세습적으로 나라를 다스리는 최고 지위에 있는 사람으로 임금, 군왕으로 불리어 왔다. 고대, 중세를 거쳐 근현대에 이르기까지 미개발 국가는 물론이고 개발 선진국인 영국이나 일본 등도 명목상의 국가원수에 불과하지만, 현재까지도 임금에 해당하는 군주가 존재하고 있으므로 의회 주권적 군주국, 입헌 군주국 등으로 불리고 있는 것은 주지하고 있는 바와 같다.

　그러나 현대의 민주국가에서는 대부분 국민의 자유와 권리를 보장하기 위하여 국가권력을 군주 혼자서 독점하지 아니하고 입법권·행정권·사법권으로 분할하여 별개의 국가기관이 행사하고 있는 것이 보통이다.

　국가의 업무 범위는 논자에 따라 달리 획정(劃定)될 수 있겠지만 행정권을 담당하는 행정부는 80~85%, 입법권을 담당하는 입법부는 5~10%, 사법권을 담당하는 사법부는 5~10%로 산정될 수 있을 것이다.

　국가의 업무 범위는 차치(且置)하고 행정부의 수장인 대통령이 입법·행정·사법의 3권을 통합하여 국가원수로서의 지위를 가지고 있는 점까지를 감안해 볼 때 역시 대통령이 국가 최고의 권력자인 것은 세계 어느 국가나 비슷한 추세이고 세계적인 경향이라고 해야 할 것이다. 한 마디로 대통령은 현대판 임금에 해당된다고 할 수 있을 것이다.

국가 공무원 107만 명 중 입법권을 담당하는 입법부인 국회는 국회의원 300명과 입법부의 행정 공무원 3,500여 명 등을 보유하고 있고, 사법권을 담당하는 사법부인 법원은 법관과 법관을 보좌하는 사법공무원을 포함하여 유동적으로 증감 변동하기는 하지만 판사 2,000여 명을 포함하여 15,000여 명 정도로 구성되어 있으며 나머지 100여만 명 이상이 행정부 공무원이다.

　따라서 국가 업무 범위로만 본다면 행정부는 국가와 국민의 주된 활동무대이며 사법부나 입법부는 사실상 행정부의 적극적 업무 기능을 수행하기 위한 윤활유에 불과하다고 할 것이다. 국가 발전과 국민 삶의 질은 행정부라는 기계의 적극적인 작동에 의하여 좌우되고 이 기계가 움직이지 않을 때 사법부나 입법부는 소극적으로 기름을 부어주면 되기 때문이다. 물론 입법부나 사법부도 독자적인 고유의 기능이 있지만 국가 업무 범위로만 따져보면 그렇다는 것이다.

　사법부는 만족할 수는 없다 해도 그런대로 기능을 수행한다고 할 수 있겠으나 입법부는 자신들에 부과된 국가의 업무 5~10%마저도 직무를 유기함에 그치지 않고 적극적 비리 행위에 가담하여 크고 작은 문제를 야기한 점을 감안하면 업무능률은 -10%라고 주장하는 견해도 있다는 사실이다. 입법부의 국회의원들 대부분은 업무는 포기하고 행정부나 사법부가 일을 못 하도록 하는 해코지 업무, 기타 이권개입 행위 등이 주류를 이루기 때문이다.

　이번에 대통령 탄핵소추를 위요하고 새누리당의 많은 의원들이 반대당인 더불어민주당인 야당(현재는 여당)과 야합하여 대통령 탄핵소추를 발의하였다는 것은 인간적으로는 배신행위이고 국가적으로는 야당에 정권을 탈취하도록 방조하여 국론을 분열시키는 해당 행위이자 반역 행위로서 세계 역사상 그 유례를 찾아보기 힘든 사건이라 할 것이다.

탈당파 의원들은 비박계 의원들로서 친박과의 주도권 싸움에서 갈라선 것이지만 '함께 살자'는 상생의 길을 버리고 '너는 죽이고 나만 살겠다'는 비정한 배신자의 길을 택한 것으로밖에는 볼 수 없을 것이다.

탈당파들은 대통령도 죽이고 새누리당도 공중 분해시켰으며 더불어민주당 등 야당과 헌법재판소가 자신들을 살려줄 것이고 국민들이 성원하여 줄 것이라고 탄핵 인용의 기치(橫l熾)를 높이 들었지만, 과연 올바른 배신(背信)이었을까?

새누리당의 일부 배신 의원들의 야당과의 공조로 2016. 12. 3 탄핵소추가 발의되고 동년 12월 9일 가결됨으로써 국론은 분열되었고, 2017. 3. 10 헌법재판소에 의해 대통령 박근혜에 대한 탄핵 심판이 인용됨으로써 국가업무는 3개월 동안 마비되었고 국민은 혼란에 빠졌다.

국회의원들의 이제까지 행태는 이번 사건의 대통령 탄핵소추 발의뿐만 아니라 청문 사건 기타 국정감사 등 국회 전반의 활동을 볼 때 국민들의 가슴에 와닿는 감동적인 사건을 연출해 보인 적은 없고 국회를 자신이나 자신이 속한 정당을 선전하며 명성을 거양하는 장소로 이용해 왔다고 할 수 있을 것이다.

국회의 가장 중요한 기능이 법을 만드는 일임에도 입법 기능은 행정부에 떠맡기면서 국회의원들은 법률제정은 포기하고 있는 실정 인

바 이들 국회의원의 입법 기능을 국민의 이름으로 거두어 드리고, 통법 기능만 부여하는 것이 타당할 것이다. 그렇다면 이번 국회 탄핵소추 사건을 계기로 우리는 국가 권력분립의 체계를 국민의 의사로 변경하여 행정부, 사법부, 통법부로 개편해 보는 것도 의미 있다는 여론이 산견 되고 있는 점에 주의를 기울일 필요가 있을 것이다.

국가권력의 체계는 대부분의 국가가 삼권 분립 체제를 유지한다는 것뿐이고 반드시 삼권 분립 체계를 유지할 필요는 없는 것이며 국민투표 등의 방법으로 국민의 총체적인 권력분립에 대한 합의를 도출한다면 권력분립 체계의 내용이나 종류의 변경이 가능할 것이다. 실제적으로 권력분립 체제는 국가에 따라 삼권 분립 이외에 2권 분립이나 5권 분립 등의 제도도 존재하고 있는 것이 현실이다.

위와 같은 국회 구성원인 국회의원들의 비윤리적이고 반국가적인 행태에도 불구하고 대통령을 국회의원 중에서 뽑는다는 일반적인 관행 때문에 우리는 입법부의 존재를 그대로 용인해 왔던 것이 사실이다. 그러나 현실적으로 더불어민주당 대통령 입후보자나 국민의당 대통령 입후보자도 초, 재선의원에 불과한 점이나 국회의원이 아닌 지자체장들도 대통령에게 입후보하고 있는 점을 생각할 때 반드시 국회의원 중에서 대통령이 된다는 생각을 불식(抽批)해야 할 때가 온 것으로 보인다.

따라서 헌재나 검찰 등 국가기관과 언론이 황혼의 들녘에 외롭게 서 있는 인간 박근혜에게 무차별적인 공격을 퍼붓고 다수의 국회의원이 포진하고 있는 더불어민주당의 문을 노크하면서 추파를 던졌다 하더라도 국민들은 여기에 전혀 현혹될 필요가 없다 할 것이다.

결론적으로 대통령은 반드시 국회의원 특히 다선의원 중에서 선출될 필요성이 희박해지고 국회의원 존재가치가 없다는 것이 국민의 공감대를 형성하는 국민 다수의 여론이라면 국회의 입법부를 통법부로 변경한 후 그 기능 변경을 서둘러야 할 것이다. 만일 이것이 빠른 시일 내에 추진하기 어렵다면 차선책으로 국회의원의 숫자를 현행 300명에서 100명으로 감소시켜야 할 것으로 생각된다. 이것은 헌법 개정이 수반되어야 할 것이나 국민의 뜻이 확고하다면 당연히 개정될 수 있을 것이다. 국가 권력분립 체제의 내용을 입법부에서 통법부로 변경하거나 국회의원의 숫자를 300명에서 100여 명으로 감소하는 등의 근본적인 개혁 조치가 선행되지 않는다면 박근혜 전 대통령의 최순실 게이트와 같이 탄핵 사유가 될 수 없는 사기 사건임에도 탄핵 인용 결정을 내리는 헌재의 인민재판 같은 판결은 국회와 함께 악의 연결고리를 형성하면서 부정과 비리의 악순환으로 계속될 것이다.

2017. 3. 15.

공무원 연금 개혁이 보류되어야 하는 이유

최근 정부와 정치권에서 공무원 연금 개혁에 대한 논의가 매우 뜨겁게 달아오르고 있다. 정부나 정치권뿐만 아니라 경제계나 학계의 석학들도 "공무원 연금 개혁에 협조하라"는 충고를 쏟아내면서 정부가 하는 일 가운데 옳은 일은 협조해야 한다며 공무원 연금 개혁의 당위성을 부각시키고 있는 것이 당면한 정국 현황이라고 할 수 있다.

공무원 연금 개혁의 내용은 한마디로 공무원들이 연금 부담액(기여율)은 높이고 연금 지급액(지급률)은 낮추자는 것이다.

정부의 공무원 연금 개혁에 대하여 공무원 연금 개혁의 당위성과 우선순위, 그 성질과 비중의 세 가지 논점에 대하여 합리성 여부를 검토해 보고자 한다.

먼저 공무원 연금 개혁 실시는 그 실현을 지체함으로써 국민과 그 후손들이 공무원 연금의 일부를 부담하는 결과 국민에게 경제적 부담을 주고 국가의 재정적자를 초래하므로 공무원이 일부 양보하여 국가 재정을 보완하자는 취지이므로 소득의 합리적 분배(分配)라는 기준에 입각해 볼 때 경청할 가치가 있다 할 것이다.

그러나 공무원의 입장에서 공무원의 연금 수령권 역시 공무원의 정당한 권리행사이므로 공무원 연금 개혁(年金改革)의 타당성에도 불구하고 강제할 성질은 아니며 공무원 연금 개혁과 동일(同一)한 생존적(生存的) 가치와 타당성을 가진다고 할 것이다.

그다음에 공무원연금개혁은 국민의 공감대(共感帶)가 형성되어 있는 압도적인 여론이지만 공무원 연금(年金) 수령권(受領權)도 국가와의 계약에 의해 보장된 권리이므로 국가에 의해 일방적(一方的)으로 개혁될 수 없고 합의에 의해 연금 개혁의 내용을 도출해야 하므로 국가가 연금 개혁의 우선순위(優先順位)를 주장해서는 안 될 것이다.

한편, 공무원 연금 개혁의 성질과 비중(比重)을 살펴보면 노조를 포함한 공기업체(公企業體)는 부정부패 척결(剔抉)의 대상이다.

그러나 공무원연금수령권자인 공무원은 연금에 관한 한 부정부패 척결의 대상이 아니다.

지금 대통령과 정치권 세력, 경제계와 학계 등 소위 한국의 지도층 인사들이 공무원 연금 개혁의 조기 실시를 주장하고 있는 것은 공무원연금개혁이 공기업체 등 국가의 부정부패 척결의 대상과 동일한 시각으로 오해한 데서 비롯되었다는 점을 간과(看過)하고 있다는 지적을 하지 않을 수 없다.

그러나 연금 수령권자인 공무원과 공기업체 양자는 이미 지적한 바와 같이 그 성질과 차원이 전혀 상이(相異)하고 그 비중이 비교될 수 없게 큰 차이가 있다는 사실을 인식해야 할 것이다.

그러한 사실은 박근혜 대통령과 김무성 새누리당 대표의 발언에서도 확인할 수 있다. 박 대통령은 「현행 공무원 연금 제도하에서는 매일 80억 원씩, 내년부터는 3조 7,000억 원의 세금이 들어가는 재정적자가 발생한다」라고 언급하였고, 김무성 대표도 「지금 공무원 연금을 개혁하지 못하면 적자 규모는 현 정부에서 15조 원, 다음 정부는 33조 원을 부담해야 한다」고 언급한 바 있다.

그러나 이러한 수치는 공기업체인 코레일이 부담하고 있는 채무만도 17조 5,000억 원이고 국민 1인당 30~40만 원씩 세금으로 원천징수(源果徵收) 되고 있으며 전체 332개의 공기업체가 부담하고 있는 수백조 원의 채무와 비교한다면 그야말로 조족지혈(鳥足之血)에 불과하다(대표적으로 LH는 137조 원이고, 한국전력은 108조 원의 채무를 부담하고 있음). 이러한 양자의 수치상의 큰 차이에도 불구하고 정부가 공무원과의 연금 계약의 신뢰성을 지금 당장 파기(破棄)한다면 정부의 부정부패 척결 의지에 배치(背馳)될 뿐만 아니라 실적 위주의 비난을 면치 못할 것이다.

따라서 정부는 39만의 기존 연금 수급자와 공무원 107만 명, 도합 150여만 명의 상당수 국민이 정부로부터 약간의 혜택을 받는다는 것을 다행스런 일로 생각하면서 공무원 연금 개혁에 대하여 국가의 재정적자를 보충하고 국민을 위한 스스로의 손해(指害)를 감수(감受) 하겠다는 국가관이나 희생정신이 조성될 때까지 공무원들의 처분(處分)을 기다리는 것이 합리적 판단이 될 것이다.

소득 분배적 차원(次元)에서 국민의 세금 일부가 대부분의 불쌍한 공무원, 평생을 몸 바쳐 국가에 봉사한 공무원인 국민에게 일부 더 지급되는 것이 공기업체 등 부정부패 척결 대상 기관과 비교하여 약간의 혜택을 받고 있다고는 하나 이는 합리적 차별로서 국가가 용인(容認)해야 할 것이다.

결론적으로 공무원연금개혁은 다음과 같은 세 가지 이유를 근거로 일정 기간 보류되어야 할 것이다.

첫째 공무원연금개혁은 정부가 일방적으로 강제할 수 없으며 강제행위는 정의에 반하기 때문이다.

둘째 공무원 연금은 국가와 공무원이 자유로운 의사에 따라 성립된 계약이기 때문에 국가의 부정부패 척결(劇快) 대상이 될 수 없기 때문이다.

셋째 백 보를 양보하여 공무원연금개혁이 국가의 부정부패 척결의 대상이라 가정해도 그것은 공기업체 개혁의 10% 미만의 지분(持分)에 해당하는 지엽적인 영역이므로 개혁의 우선순위가 될 수 없기 때문이다.

지금 새정치연합은 표면적으로는 공무원과의 미 협상을 이유로 공무원연금개혁을 보류하고 있다. 그러나 그 실제적인 이유는 공무원과 39만 명의 기존 연금 수급자 및 그 가족의 득표수까지 포함된 600여만 명의 유권자 득표를 의식, 2012년 대선 기준 총유권자의 15%에 해당하는 무서운 힘 때문이라고 보아야 할 것이다.

정부와 정치권은 경제 질서와 정국 안정을 위하여 공무원 연금 개혁을 당분간 보류하는 지혜를 발휘하여야 할 것이다.

2015. 4. 6

문재인 정부에서 대통령의 최우선 과제

신정부가 할 일 중에서 일자리 창출, 공정사회 구현 등 모든 것이 중요하고 필요한 일이지만 가장 중요한 일을 꼽으라면 김정은이 사고를 일으켜 모든 사람의 생명을 빼앗는 일을 방지하여 우리 국민의 생명을 보호하는 일이 될 것이다.

그리스도는 이렇게 말씀하셨다.

「네가 온 천하를 얻더라도 네 생명을 잃어버린다면 무슨 유익함이 있겠는가?」

이 세상에서 생명처럼 소중한 것은 없다. 이 세상에서 하나밖에 없는 것이 나의 생명이고 너의 생명이며 우리 모두의 생명이기 때문이다. 온 천하도 우리의 생명에 비하면 아무것도 아니다.

한편 불교에서는 「天上天下唯我獨尊」이라는 말이 있다.

이 말은 석가가 태어났을 때 외쳤다고 하는 탄생게(誕生偈)이다. 석가가 어머니 배 속에서 태어나자마자 "하늘 위와 하늘 아래서 오직 내가 홀로 존귀하다. 삼계가 모두 고통이니 내 마땅히 이를 편안케 하리라"라고 외쳤다는 의미로 풀이된다.

삼계(三界)란 천상·인간·지옥계를 말한다. 유아독존(唯我獨尊)의 '아(我 : 나)'는 석가 개인을 가리키는 것이 아니라 '천상천하'에 있는 모든 개개의 존재를 가리키는 것으로써 우리의 생명을 뜻하며 우리의 생명이 이 세상에서 가장 소중하고 존귀하다는 뜻이다.

따라서 「天上天下唯我獨尊」이라는 말은 많은 사람들이 오해하고 있듯이 석가가 이 세상에서 제일 잘났고, 자신밖에 없다는 뜻이 아니라 천상천하에서 가장 존귀한 것이 생명이라는 정의는 인류 역사상 우리 인간의 가장 위대한 스승이고 인간의 삶의 가치와 목표를 제시해 준 예수님과 석가모니 부처님의 일치된 말씀이다.

신정부가 일자리 창출 등으로 아무리 공정사회 구현을 한다 해도 미사일 한 방의 발사로 수백만 명의 생명을 앗아가는 일이 발생한다면 돌이킬 수 없는 새로운 역사가 쓰이게 될 것이다.

일부 정치인이나 수많은 진보주의자는 김정은이 국제정세의 역학관계상 절대로 미사일을 한국에 발사하지 않을 것이라는 낙관론을 펴고 있다.

「김정은이가 뒷감당을 어떻게 하려고?」「설마 그럴 리가」 등의 가정법을 동원하면서 상상의 이론을 펴고 있지만 현실 세계에서는 가상이 통하지 않는 법이다.

우리는 美·中 관계에서 미국과 중국의 요구를 모두 수용하면서 두 마리 토끼를 잡으려 부심하고 있다. 한 마디로 미국의 요구는 북한의 비핵화이고, 중국의 요구는 사드(고고도 미사일 방어체계)의 한국 배치 철회이다.

미국의 요구는 우리의 외교 안보정책과 일치한다. 역대 미국 대통령들은 북한 비핵화보다 체제의 안정을 더 중시하는 중국의 대북정책이 비핵화를 방해하고 있다는 사실을 알고 있었음에도 원만한 미·중 관계를 유지하기 위하여 중국의 자발적 협조에만 매달려 왔다.

그러나 트럼프 행정부는 북한의 핵기술이 고도화된 지금 북한의 비핵화를 저지하지 못한다면 미국도 위험해질 수 있다는 발등의 불로 인식하게 된 것이다.

따라서 트럼프 대통령은 미국의 안보를 위해서 미·중 관계의 파탄을 각오하고 중국을 압박하면서 북한의 핵 포기 결단을 강행하는 것이지 한국이 예뻐서 무조건적으로 북한의 비핵화를 강력 추진하는 것은 아니다. 북한의 비핵화는 미국의 이익인 동시에 한국의 이익이며 그 일환으로 사드가 설치된 것이라는 사실을 우리는 인식해야 할 것이다.

그런데 중국은 사드의 한국 배치 철회를 주장하고 있다. 한국의 사드 배치는 오직 북한의 미사일 공격에 대응하기 위한 조치라는 한·미의 해명에도 불구하고 중국은 자신들에게 위협이 된다고 주장하고 있으나 어찌 되었든 우리로서는 우리의 안보를 확실하게 지키기 위해 사드 배치 철회 불가 입장을 분명히 해야 할 것이다.

중국은 한국의 사드 배치에 대하여 경제적으로 압박을 가하면서 사드 배치 철회를 주장하고 있으며 일부 정치인과 진보주의자들이 이에 동조하는 입장을 보이고 있으나 이는 한·미 공동의 안보 위기를 초래할 대단히 위험한 발상이다.

차제에 중국에만 의존하고 있던 중국과의 무역 창구도 인도 등 기타 제국으로 이동하여 무역의 다변화를 꾀하는 계기로 삼아야 할 것이다. 또한 사드 배치 철회 불가 입장을 밝힘으로써 중국도 한국을 두려운 존재로 인식하는 계기가 될 것이다.

북한의 비핵화에 대하여 미국과 긴밀히 공조하여 북한이 핵을 포기하지 않고는 견딜 수 없는 수준까지 압박 강도를 높인다면 북한이 비핵화 협상에 나올 가능성은 높아질 것이다.

남북대화 재개에 너무 적극성을 보이거나 궁지에 몰린 북한에 숨통을 열어주는 행위는 비핵화의 기회를 영원히 놓칠 것이다. 미국과 중국이 나서도 달성하기 힘든 비핵화를 남북 정상회담을 통해 이룰 수 있다는 환상은 이제는 버려야 할 것이다.

과거 김대중·노무현 전 대통령이 10년 동안 햇볕정책을 추진한다는 미명하에 북한에 공식적으로 퍼준 돈만 8조 원이 넘는다.

신정부는 김대중·노무현 정권이 북한에 퍼준 돈으로 북한이 핵무기를 제조할 토대와 골격이 만들어졌다는 사실의 역사성은 부정할 수 없으므로 인정할 것은 인정하고 이러한 실패한 정책을 반면교사로 삼아 다시는 이러한 실수를 재연하지 말아야 할 것이며 이제는 햇볕정책을 과감히 폐기해야 할 것이다.

결론적으로 문재인 신정부의 최우선 과제는 북한의 비핵화이며 이의 실현을 위하여 한·미 동맹을 통하여 미국과는 더욱 구체적인 비핵화 실현 방안을 추진하는 동시에 다른 한편 중국에 대하여는 사드 배치 철회 불가 입장을 분명하게 천명하고 설득하는 것만이 국민의 생명을 구하고 한국의 안보를 굳건히 다지는 일이 될 것이다.

중국의 경제보복은 한·미동맹을 통한 사드 배치 등 북한의 비핵화 실현 방안의 극히 작은 부분임을 정부는 명심하고 감수해야 할 것이다.

2017. 9. 11

지하철 무임승차권 운용상의 문제점과 대책

서울특별시와 광역지자체에서 운영 중인 지하철공사의 경로 기타 무임승차권(이하 우대권이라 약칭한다) 운영 실태와 문제점을 제시하여 그 대책을 강구하고자 한다.

1. 운영 실태

서울특별시에서는 비서울시민인 경우 지하철 이용자는 500원을 투입구에 넣고 승차권을 받아 사용 후 다시 반환 투입구에 넣은 후 500원을 반환받는다. 기타 광역시(예컨대 대전광역시)에서는 비 광역 시민인 경우는 주민등록증을 이용하여 우대권을 받아 승차 시 이용하고 퇴출 시 반환한다.

2. 운영상의 문제점

무임승차권 이용자는 이용 시마다 주민등록증이나 500원짜리 동전을 이용하여 우대권을 공급받고 퇴출 시 반환하거나 500원을 돌려받는다. 서울시와 광역시의 지하철 역무원은 이용 승객이 퇴출 시 반환한 우대권을 취합하여 다시 우대권 창구에 가져다 놓거나 종이로 된 우대권(서울시는 재질이 종이이고, 대전시의 경우는 재질이 플라스틱임)을 폐기하는 불편과 부담이 발생한다. 특히 자주 상경하는 비서울 시민과 비수도권국민인 경우 1일 수천 명에 달하는 65세 이상의 지하철 이용객의 불편은 말로 표현하기 힘들 것이다. 그럼에도 불구하고 광역 지자체장들은 노인들의 당연한 권리인 지하철 무료승차권을 속된 말로 똥개 훈련시키고 이용토록 하는 저의는 무엇인지 도대체 이해할 수 없다.

3. 대책

위와 같은 우대권 이용은 자기 지역 지자체의 시민에게만 이익을 주겠다는 이기주의적 발상에서 비롯된 것으로서 광역자치단체장이 자기 지역 유권자들에 대하여 표(票)를 얻기 위한 득표(得票) 전략이라 할 수 있을 것이다. 그러나 대한민국 국민으로서 장애인이나 65세 이상의 노인들은 주민등록증만으로 지하철을 무상으로 이용할 수 있기 때문에 그들에게 불편만을 초래할 뿐 지하철 탑승(搭乘)을 거부할 수는 없다.

따라서 서울 등 광역자치단체장들은 꼼수를 버리고 대내적으로는 우대권을 관리직원들의 부담을 덜어주고 대외적으로는 관할지역 이외의 국민들이 타지역 지하철을 이용할 경우 동전이나 주민등록증을 이용하여 우대권으로 바꾸어 사용토록 하는 불편을 덜어주는 2가지 효과를 달성하기 위하여 시급히 전국적으로 교통복지카드를 발급도록 하는 것이 타당하다고 할 것이며 이를 그대로 방관한다면 엄청난 비난에 직면할 것이다.

2016. 2. 10.

한국이 배워야 할 점

 2017년 3월 31일 KBS TV는 북·말레이시아 "김정남 시신, 북 가족에 송환" 합의 제하에 주말레이시아 북한 대사관에 은신해 온 김정남 암살 사건에 관련된 현광성 북한 대사관 2등 서기관과 고려항공 직원 김욱일이 31일 새벽 경유지인 베이징(北京)에 도착했으며 이들과 함께 김정남 시신도 베이징에 도착한 것으로 보도했다. 말레이시아가 김정남의 시신과 북한인 용의자들을 북한에 돌려보내기로 한 것은 지난 30일 발표한 양국 공동성명에 따른 것이다.
 공동성명에 의거해 김정남 시신과 말레이시아 북한 대사관에 은신해 온 김정남 암살 관련 용의자들의 북한행이 이뤄지고 북한에 억류 중인 말레이시아인 9명도 풀려나게 됐다. 북한과 말레이시아가 '인질외교'의 해법으로 결국 타협책을 선택하면서 이번 사건이 영구미제(永久未濟)로 남을 가능성이 커졌다.
 우리가 여기에서 주목할 점은 이번 사건이 영구미제로 남아 말레이시아 정부가 세계의 웃음거리가 되었다는 사실이 아니라 말레이시아 정부가 북한에 억류되어 있는 자국민 9명의 송환을 위하여 북한의 불의에 대한 응징과 부정부패 척결의 가치를 포기해 버리는 결단(決斷)을 내렸다는 사실이다. 말레이시아 정부는 세계의 이목이 집중되고 있는 김정남 살해범을 김정남의 시신과 함께 북한으로 송환하면서 수사를 포기하며 정의라는 가치 실현을 외면하고 자국민의 생명과 행복을 택했다.

그러나 한국의 특검이나 검찰은 박 대통령이 특정인에게 사기당하며 최순실에게 특혜를 베풀었다는 이유만으로 하극상의 동요를 선동하고 비윤리적인 집단인 국회와 언론의 동조 세력을 규합하며 대통령을 구속한 후 정의라는 미명하에 검찰의 정당성을 고양하면서 '정치검찰'이라는 숙명적인 오명을 벗고자 윤리나 도덕도 포기해 버렸다.

물론 국회와 언론, 검찰 기타 한국의 지성인들 모두가 썩어 문드러졌다고 할 수는 없고, 아직도 소수의 인사들은 바른말을 하면서 양심에 부끄러움이 없다 하겠으나 대부분은 고액의 TV 출연료를 받아먹고 언론에 동조하는 한편 명성을 거양함으로써 다음 정권의 자리를 차지하기 위하여 부심(蘭心)하고 있다.

2017. 4. 2.

제5장

노동조합

1. 노동조합의 의의 및 기능

(1) 노동조합의 의의와 연혁

노동조합이란 근로자가 주체가 되어 자주적으로 단결하여 근로조건의 유지·개선 기타 근로자의 경제적·사회적 지위의 향상을 도모함을 목적으로 조직하는 단체 또는 그 연합단체를 말한다(노동조합법 제2조 4)고 규정하고 있다.

노동조합은 45년 광복 후 전국 각지에서 결성되었다. 45년 11월 전국적 노동조합 조직이 결성되었는데 이것이 조선노동조합 전국 평의회(약칭 전평)이다. 전평은 혁명적 사회주의 이념과 노선을 견지하면서 경제투쟁과 정치투쟁의 통일을 표방하였고 산업별 조직으로 체계화할 것을 지향(指向)하였으며, 전평에 대응하여 46. 3. 10 대한독립촉성노동총연맹(약칭 대한노총)이 결성되었다. 대한노총은 48년 대한민국 정부 수립 후 대한노동총연맹으로 개칭되었고 유일한 합법적 노동조직이었다. 60년 11월에는 대한노총과 전국노동조합협의회가 중심이 된 한국노동조합총연맹이 결성되었다. 61년 5월에는 국가재건최고회의 포고에 의하여 기존 노동조합은 해체되고 8월 30일에 산업별 노동조합 중심으로 한국노동조합총연맹(약칭 한국노총)이 다시 결성되었다.

(2) 노동조합의 기능

노동조합이 근로자 즉 노동자를 위하여 존재하는 것이라면 노동조합의 기능은 무엇일까에 대하여 살펴보는 것은 노동자를 위하여 절실하게 요구되는 사안이라고 할 수 있을 것이다.

노동조합은 근로자를 위하여 세 가지 기능을 수행하는바 경제적·공제적·정치적 기능이 바로 그것이다.

경제적 기능이란 노조(노동조합)가 사용자(기업주)와 단체교섭을 통하여 근로조건의 유지·개선을 목적으로 하는 기능이다. 구체적으로 근로 시간의 단축, 임금인상, 작업환경의 개선, 복지 후생 등이다. 이 기능이야말로 노조의 중추적인 기능이라 할 것이다.

공제적 기능이란 근로자가 예상치 못한 재난이나 질병을 당한 경우에 노조가 조합기금 중에서 질병, 재난, 근로자의 부양을 위한 비용 등을 지불하는 기능이다.

정치적 기능이란 노동자의 노동조건의 개선이나 경제적·사회적 지위의 향상 등이 국가가 제정하는 노동관계법에 의하여 직접적 영향을 받게 되는바 노동조합은 노동관계법을 비롯한 특정 법률의 제정·개정의 촉구와 반대 등의 정치적 발언을 하고 이의 실현을 위하여 특정 정당을 지지하거나 반대하는 정치활동을 하는 기능이다.

노동조합이 존재하지 않았거나 노동조합이 존재했어도 그 기능이 미미하였던 시대에는 정부와 자본가들이 노동자의 단체화·조직화에 의한 활동을 부도덕·불법적인 행위로 간주하였다. 따라서 저임금과 장시간 노동은 당연시되고 노동자를 착취하는 수단이 되었던 것이다.

그러나 노동조합이 존재하는 오늘날은 자본가에 대한 노동자의 요구가 폭넓게 주장되고 이 주장이 헌법의 노동 삼권에 의하여 합법화·제도화 되었다고 할 수 있다. 앞에서 간단히 노동조합의 연혁을 기술한 바 있지만 단일 노동조합의 상급단체로서 전국 단일 산별노조의 연맹체인 한국노동조합총연맹(한국노총)과 전국민주노동조합총연맹(민주노총)이 있으며 전자는 1961. 8. 30. 발족되었고, 후자는 1995. 11. 11. 창립되었다.

2. 노동조합장과 노동조합원의 관계

노동조합장은 근로자(노동자)의 대리인이며 보호자이다. 따라서 노동조합은 노동자와 필수불가분의 관계에 있다고 생각할 수 있을 것이다.

우선 양자의 관계를 살피기 전에 노동운동의 발전 과정과 전체 임금노동자 가운데 노조에 가입한 노동자 숫자를 개괄적으로 살펴보고자 한다.

1980년 초의 노동자 투쟁은 그 대부분이 농성·파업·시위·태업 등의 형태를 취했고 이 시기 노동운동은 투쟁의 격렬성에도 불구하고 자연발생적이고 비조직적이었으며 투쟁의 내용도 경제적 차원에 그쳤다.

1987년 6월 민주화 투쟁을 계기로 노동운동은 노동 항쟁으로 발전하게 되었다. 87년 노동 항쟁은 6월 민주화 투쟁을 이어갔다.

87년 7~9월의 노동 항쟁의 의의는 첫째로 노동자를 단련시켜 의식과 조직을 발전시켰고 둘째로 노동 항쟁을 통하여 노동자들이 정치적 진출을 위한 대중적 토대를 구축했다는 사실이다. 비록 합법성을 획득하지는 못했지만 89년 5월 결성된 전국교직원노동조합(전교조)의

출현은 노동운동이 이룩한 조직적 성과였다.

2021년 발간된 고용노동부 자료에 의하면 전체임금 노동자 수는 22,000,000명이었고, 이중 노동조합원 수는 2,933,000명이었고, 노조 가입률은 14.2%였고, 이중 조합원 수를 기구별로 구별하면 다음과 같다.

    한국노총 조합원 수 1,238,000(42.2%)
    민주노총 조합원 수 1,213,000(41.3%)
    상급단체에 소속되지 않은 노동조합원 수 477,000(16.3%)
    (미가맹 노동조합원 수)
    ※ 0.2%는 양대 노총이외의 상급 단체의 조합원수임.

우리가 여기서 주목할 것은 노동조합원 수는 전체 임금 노동자수의 10% 내외를 크게 벗어나지 않는다는 사실이다. 다시 말하면 노조조합장이 노조원을 대리하고 보호해 주는 역할은 미미한 것이고 양자의 관계가 반드시 우호적이고 친숙한 것이 아니라는 것을 알 수 있는 것이다.

3. 노조 파업의 현황

(1) 한국노동조합의 실태

노동조합이란 노동자가 주체가 되어 자주적으로 단결하여 노동조건의 유지·개선 기타 경제적·사회적 지위 향상을 목적으로 조직하는 단체이며 노동조합의 대표자가 노동조합장이고 노동조합장은 노조 조합원과 필수 불가결의 관계로서 노동자의 보호자이고 대리인이라 할 수 있다.

따라서 노동조합은 노동자가 자본가에게 대항하기 위하여 노동자들의 권리를 향상시키는 체계적이고 집단적인 활동의 조직기구라고 할 수 있다.

그런데 노동조합에는 단위 노동조합, 연합 노동조합, 직업별 노동조합, 산업별 노동조합, 기업별 노동조합, 일반 노동조합 등 종류가 다양하지만, 이러한 노동조합의 상급단체로서 한국 노동운동의 양대 축을 이루고 있는 노동조합 연합단체가 있는바 한국노동조합총연맹(약칭하여 한국노총)과 전국민주노동조합총연맹(민주노총)이 있다는 것은 이미 기술하였다.

1) 한국노총은 민주노총에 비해 상대적으로 온건한 노선이라는 평가를 받고 있다. 한국노총의 전신은 1946. 3. 10 결성된 대한독립촉성노동총연맹(대한노총)이다. 해방 이후 한국 노동운동계의 주류는 남로당 계열 좌파 노동단체였던 조선노동조합전국평의회(전평)였다. 전평은 인민공화국 수립, 신탁통치지지 등을 주요 정책으로 내세우고 있었다. 이런 전평의 좌익적 성향에 반발하여 전술한 이승만 계열의 우파 노동조합 단체인 대한노총이 세워졌다.

1960년 4. 19 민주화 혁명이 일어난 이후 대한노총은 조직을 재편

하고 이름을 한국노동조합총연맹으로 변경하였고 1961년 5월, 5.16 군사정변이 일어나면서 기존의 모든 노동조합이 해산되고 노조활동이 중지되었다가 1961. 8. 30 한국노동조합총연맹이 다시 결성되었으며 전국 공기업연맹, 철도산업노조, 금속노련 등 모두 27개의 산업별 연맹이 한국노총에 가입해 있다. 한국노총은 대기업·공기업 노조가 주력이다. 한국타이어가 대표적이다. 전체 근로자 1,900만 명 중 4.8%를 대변할 뿐이다.

  2) 한편 민주노총은 사회개혁과 노동자의 정치세력화를 목표로 1995. 11. 11 출범한 진보적 노동운동계의 대표적 단체이다.

민주노총은 전국노동조합협의회(전노협), 전국업종노동조합회의(업종회의), 전국노동조합대표자회의(전노대) 등이 주축이 되어 결성한 노동조합 연맹체이다.

주요 활동은 임금인상 요구, 최저임금제도 개선, 노동시간 단축, 경영참가, 해고자 복직, 부패추방 등이다.

민주노총은 해방 이후 전평에서 시작된 진보적 노동운동을 계승, 발전시킨 전국적 노동조합의 연합조직이다. 현행 정치 제도상 유권자의 다수인 노동자가 대변되지 않는 현실에서 노동자의 정치세력화를 위해 민주노동당 창당에 핵심적인 역할을 했다. 민주노총의 노동자 정치운동을 통해 민주노동당은 한국의 대표적인 진보 정당으로 확고한 위상을 지니게 되었다는 점에서 그 의의가 있다 하겠다.

민주노총은 대기업·공기업 정규직 노조가 주로 가입하고 있다. 현대자동차, 코레일이 대표적이다. 그러나 민주노총은 전체 근로자

1,900만 명 중 3.3%를 대변할 뿐이다. 공무원 노조, 전교조 등 공기업의 노조는 대부분 민주노총이다.

4. 노동조합의 시대적 과제

(1) 노조 파업의 일반적 양상

노동조합의 일반적 파업 양상은 회사를 겁박하여 봉급을 인상해 주지 않으면 파업으로 회사에 불이익을 주겠다는 것이다. 여기에서 노조 조합장과 한국노총 및 민주노총 간부들의 파업으로 인한 임금인상 요구를 회사가 결국 수용함으로 회사는 손해를 보는 일방, 노동자는 이익을 보는 것이 수십 년 동안 계속되어 온 '노사 간 싸움의 결과'였고 정해진 틀이었다. 싸움은 언제나 노동자가 이겼고 회사(사용자)가 패했다. 금방 싸움의 승패가 결정되지 않아도 노동자가 일을 손 놓고 일정 기간 기다리기만 하면 자동으로 회사가 항복하고 만다. 그런데 이상한 것은 노동자와 사용자 간에 싸움은 일반적으로 개인 대 개인의 싸움에 있어서와 같이 누가 잘못했거나 어느 일방이 먼저 시비를 걸어서 발생하는 것이 아니고 노조 조합장이나 조합장의 사주를 받은 노동자들이 항상 임금인상 요구를 먼저 함으로써 시작된다는 것이다. 임금인상 요구가 합리적인가의 여부는 그 고려 대상이 아니다. 그러면 형식적으로 노사 간에 협상이 시작되고 냉전은 계속된다.

아웃사이더인 정부는 제삼자의 입장에서 사태를 원만히 해결하라고 조언하면서 사태 추이를 관망하지만, 노동자 측에서 집회 시위를 하면 경찰력을 배치하는 등 소극적 대처를 하는 것이 고작이다. 한 걸음 더 나가서 집회 시위가 과격해져 경찰버스에 방화하거나 경찰을 폭행·상해, 공공건물 손괴가 이루어질 때 해당 노동조합장 등을 구속하는 사태도 생기는 경우가 있으나 사태 수습 후에는 언제나 훈계 방면하여 왔다.

또한 노동자나 노동자를 지원하는 세력이 경찰과 대치 중 사망사고가 발생할 경우에는 야당 등 세력의 강력한 지원을 받으면서 정부 공격의 무기가 되어 돌아오기 때문에 정부는 소극적 대처방안을 고수해 왔다. 따라서 대한민국은 노동자의 천국으로 불리게 되었다.

(2) 인간의 도리, 국가의 의무

기업주와 노동자 간에 힘의 균형이 깨어져 있던 20세기 말까지는 노동조합이 형식적으로는 존재했다 하더라도 기업의 이익은 기업주가 독점하였고 노동자는 저임금과 장시간 노동에 혹사당하면서 착취의 수단이 되었으며, 노동자는 기업주가 시키는 대로 노동을 제공하고 기업주의 편의에 따라 임금을 받아왔던 것은 두말할 필요가 없는 역사적 사실이다.

그러나 현대세계는 기업주와 노동자 간에는 합리적인 계약에 따라 노동자는 노동력을 제공하고 기업주는 그 노동력에 상응한 임금을 지급해야 한다는 사고에 입각하여 있다.

여기서 노동자와 사용자인 기업주 간 임금 지급의 형평성 문제를 해결하는 방안으로 노동조합이라는 기구가 생겼고, 이 조직체가 기업주와 노동자 간의 임금 지급 문제를 협의하는 기능을 수행하는 것이 우리나라를 비롯한 현대 국가의 세계적인 추세라고 할 것이다.

따라서 기업주와 노동자 간의 노사관계에 있어서 기업주가 노동자의 임금을 체불하거나 떼어먹는 등의 부정 사례는 소기업체에서나 간혹 발생하는 이미 진부한 옛이야기가 되었다고 해야 할 것이다.

회사의 기업주란 흔히 사장이나 회장으로 호칭되지만 물건을 만들어 소비자에게 판매하고 이윤의 극대화를 추구하는 장사꾼이다. 그렇다면 기업주란 현대 기업 세계의 노동자들에게 있어서는 더 이상의 갑(甲)도 아니고 노동자도 더 이상의 을(乙)도 아니며, 이익이 생기면 그 이익을 기업주와의 일정한 비율에 따라 노동자의 임금에 가산시켜 분할할 의무를 부담하는 자일뿐이다.

기업주와 노동자는 모두 기업의 이익 창출을 위하여 공동의 의무를 부담해야 할 자라고 할 것이다. 그렇다면 기업주와 노동자는 기업의 이익 창출을 함께 하면서 상부상조하며 인간의 도리를 주고받는 공유 관계에 있다 할 것이다.

한편, 국가는 노동자와 기업주의 임금 지급의 해결 방안에 대하여 아웃사이더로서 소극적 태도를 지양(止揚)하고 원만한 해결 방안을 적극적으로 강구하여 기업을 발전시키고 국가 발전의 밑거름으로 삼아야 할 것이며 더 이상 방관자가 되어서는 안 될 것이다. 이것이 진정으로 국민의 행복과 국가의 발전을 가져오는 국가의 의무가 될 것이다.

(3) 노조 파업의 현황 및 부수적 파급 대상

노조가 파업을 하는 목적은 근로 시간 단축 등 여러 가지가 있겠으나 대부분 임금인상일 것이다. 그런데 임금인상은 회사가 이익을 창출하여 임금을 인상할 수 있는 여유가 있어야 할 것이며 회사의 재정 상태가 부채에 시달리고 있다면 임금인상을 요구해서는 안 될 것이다. 회사가 부도날 입장에 있다면 임금인상은 아무런 의미가 없으며 임금인상은커녕 당장 회사를 퇴직해야 할 처지이기 때문이다.

그럼에도 불구하고 노조의 노동조합장이나 한국노총 및 민주노총의 핵심 간부들은 노조에 대하여 임금인상의 파업을 선동하면서 동시에 집회나 시위를 주도하고 공공기관의 임금인상 요구와 대통령 퇴진, 극렬 반정부 정치범 석방 등의 구호까지 양념을 넣어 외치고 있다. 정당하고 합리적인 파업은 법의 테두리 안에서 보호되어야 하겠지만 법의 보호 범위를 벗어난 파업은 처벌을 받아 마땅할 것이다.

노동조합의 파업 목적이 대부분 임금인상이라면 임금인상은 누구를 위한 것일까? 노조 조합원인 대부분의 노동자에게 임금인상의 혜택이 돌아가게 하기 위한 순수한 의도일까? 노동조합은 명분상으로는 노동조건의 유지·개선 기타 경제적·사회적 지위 향상을 목적으로 조직하는 단체이며 노동조합장(노동조합의 대표자)은 노동자의 보호자이고 대리인이라 생각하고 있으며 일반인이나 노동 전문가들도 대부분 그렇게 인식하고 있다.

노동조합은 법인이 아니기 때문에 민법상 법인격 없는 사단에 관한 법리에 따라 민법의 사단법인에 관한 규정이 준용된다. 노동조합장(노동조합의 대표자)은 노동조합을 대표하여 사용자 또는 제삼자와 계약 등 거래 행위에 대하여는 대리에 관한 규정이 적용(민법 59조 ②)되므로, 그 거래 행위에 대하여는 대표자나 조합원 개인은 책임을 지지 않고 노동조합이 책임을 진다.

한편 노동조합장(노동조합의 대표자)이 그 직무에 관하여 타인에게 손해를 가한 때에는 노동조합은 대표자의 책임과 별도로 배상책임을 진다(민법 제35조 ①). 대표자 이외의 임원 등의 사무 집행에 관하여 제삼자에게 손해를 가한 때에는 노동조합은 사용자로서, 대표자는 감독자로 손해를 배상할 책임을 진다(민법 756조).

그러나 노동조합장 기타 한국노총과 민주노총의 간부들이 노동조합원과 필수 불가분의 관계로서 과연 노동조합원의 감독자이고 대리인이라는 점에 대하여는 법적 해석과는 달리 우리는 강한 의문을 제기하고 있으며 노동조합장 등이 노조원들의 경제적·사회적 지위 향상을 취득해 준다는 것을 명분으로 그들 자신의 경제적 이권 취득을 위한 수단으로 이용하고 있다고 생각한다. 그러한 논리를 입증하기 위하여 몇 가지 사례를 다음과 같이 제시해 보고자 한다.

1) 금호타이어 사건

금호타이어는 1994년 이후 21년 동안 최장기간 이어지고 있는 노동조합의 전면 파업에 맞서 2015. 9. 6 직장 폐쇄를 결정했다.

금호타이어는 2015. 8. 17 전면파업에 들어간 노조가 21일 동안 파업을 계속하자 회사는 파업으로 손실액이 눈덩이처럼 불어났고, 이를 견디지 못하여 동일 오전 7시를 기해 직장폐쇄를 단행하게 되었는바 전면 파업에 따른 매출 손실액은 940억 원에 이르게 되었다.

동사는 2010년부터 5년간 경영실적 악화로 워크아웃(경영개선 작업)을 거쳤다. 우리·산업은행 등 채권단으로부터 1조 원에 가까운 자금지원을 받아 파산 위기를 넘겼다. 이 워크아웃이 끝난 다음 날인 2014. 12. 24. 노조는 임금인상을 요구하며 부분파업을 벌였다. 노조는 이 부분 파업을 통해 2015년 초 사측으로부터 2014년 임금인상분 25.6%를 보상받았으며 이는 워크아웃 기간 임금동결에 대한 보상 성격이었다. 사측은 이 임금인상을 위해 918억 원을 투입하였는바 이 금액은 2014년 회사가 거둔 순이익 1,229억 원의 75%에 달한다.

그런데 이번엔 2015년 임금 인상분을 금년(2015년) 4월부터 소급하여 추가 인상해 달라고 노조가 요구하고 있었다.

사측은 2015. 9. 5 최종 협상에서 당초 추가 임금인상률을 3%에서 4.6%로 올려 제시하면서 임금피크제6)에 대하여는 당초보다 1년 유예하되, 임금피크 합의를 전제로 1인당 격려금 300만 원을 올해 안에 선지급한다는 안(案)을 제시했다. 그러나 노조는 실적이 아직 나오지 않았음에도 미리 올해 성과급으로 1인당 150만 원씩 확정해 300만 원과 함께 일괄 지급해 달라는 요구를 내놓음으로써 협상이 결렬되었다.

---

6) 임금피크제 : 근로자가 일정연령에 도달한 시점부터 임금을 삭감하는 대신 근로자의 고용을 보장하는 제도(ex. 정년보장 또는 정년 후 고용연장)이다.

이에 금호타이어 사측은 노조에 대하여 해도 해도 너무한다고 벌어진 입을 다물지 못한 채 직장폐쇄를 결정했다.

직장폐쇄의 효과는 사업장으로부터 근로자들을 축출하고, 업무의 정상적 수행을 방해함으로써 적법하게 임금 지급을 면하는 데 있다. 이것은 공장폐쇄나 폐업과는 구별되며, 쟁의행위가 종료되면 정상적으로 근로관계가 회복된다.

그렇다면 노동조합은 무엇 때문에 자신들에게 크게 불리하지도 않은 사측의 협상안을 거부하면서 사측을 직장폐쇄까지 이르게 하였을까?

이는 노조 조합장 등이 항상 그래왔듯이 노조의 파업을 오래 끌고 가다가 사용자를 지치게 하고 종국에는 노조가 파업을 철회하는 조건으로 조합장이나 한국노총·민주노총 등의 간부에게 유리한 이권을 따내기 위한 협상안 제시의 술책인 것이다. 따라서 사용자의 직장폐쇄는 잠시 계속되다 곧 업무가 정상화될 것이나 노동자들의 파업은 장기간 계속될 것이다. 이때 노조는 파업을 철회하는 조건으로 노조 조합장과 사용자 간의 협상으로 조합장에게 막대한 사례비 등의 경제적 이권과 유리한 지위 예컨대 회사 내에서의 매점 운영권 등을 부여받을 것이다. 따라서 노조 조합원의 이권을 취득하기 위한 수단으로서 파업이 아니라 강성노조 조합장 등의 이권을 취득하기 위한 파업인 것이다.

그로부터 2년이 거의 지난 지금에도 금호타이어는 노조의 파업에 시달리면서

"노조는 파업 결정을 즉시 철회하고 회사의 미래를 걱정하는 사원들의 진정한 의중을 헤아려 '단체교섭'에 성실하게 임해줄 것을 요청한다."는 구호를 외치고 생산성 제고에 열을 올려왔으나 2017. 5. 31 산업은행 발표에 의하면 중국 더블스타에 매각될 것으로 알려지고 있을 뿐이다.

생각해 보면 비단 금호타이어뿐이겠는가. 우리나라의 크고 작은 모든 기업이 노조의 파업에 시달리면서 어렵게 회사를 운영하고 있는 것은 주지하고 있는 바와 같다.

우리나라 근로자 1,900만 명 중 노동조합에 가입한 노동자는 10%, 노동조합에 가입하지 않은 노동자는 90%임에도 노조의 파업으로 기업의 생산성이 하락하는 것은 특이한 현상이라고 할 수 있을 것이다.

이상 금호타이어 사건에서 보는 바와 같이 우리나라의 거의 모든 회사는 노동조합에 대하여 파업을 수단으로 계속 돈을 뜯겨왔다. 부당하게 돈을 뜯는 자와 뜯기는 자 중 누가 비난을 받아야 하는가? 차제에 정부는 누구 편에 서서 정책을 수립하고 정의를 실현해야 하는가에 대하여 신중한 검토가 필요할 것이다.

물론 그렇다고 사용자는 잘못이 없고 노조만이 파업을 유도하여 회사를 어렵게 하는 책임이 있다는 것은 아니나 노조는 대부분 회사의 이익 창출 여부와는 관계없이 무조건 임금인상을 요구하면서 매년 불법파업을 시도하여 회사에 손해를 끼쳐왔던 주된 책임이 인정된다고 할 것이다.

따라서 정부는 아웃사이더로서 노·사의 협상안을 중재하려는 소극적 자세를 버리고 국가 발전과 국민의 행복을 제고하려는 적극적 자세를 가지고 노·사·정 협상에 응해야 할 것이다.

문재인 정부는 우리나라의 가장 큰 기득권은 재벌이라며 재벌의 반성이 무엇보다도 중요한 시점이므로 재벌의 반성을 촉구하였다는 의미에서 재벌의 반성이 재벌개혁의 순기능이 될 수 있을 것이라는 판단을 하고 있으나 이것은 논리적 사고가 잘못되었다고 생각된다. 우리나라 노동자의 노조 가입률이 10% 내외로서 90%의 노동자가 노동생산성에 전념하고 있음에도 기업의 생산성이 하락하는 현상이 발생하고 있는 점으로 볼 때 노동조합원 10%의 횡포를 짐작하고도 남음이 있기 때문이다. 따라서 우리나라의 가장 큰 기득권은 노조, 특히 대기업의 강성노조라는 것은 의문의 여지가 없다고 할 것이다. 한편, 이명박·박근혜 정부에서 가장 강조한 개혁이 노동 개혁이었음에도 제대로 성취된 것이 없고 사회적 갈등과 마찰이 심화된 것을 볼 때 노동 개혁은 가장 우선시해야 할 개혁 대상이었으며 개혁의 어려움을 우리에게 제시한 것으로 보인다고 할 것이다. 노동 개혁의 대상은 귀족노조이며 귀족노조 중에서도 강성귀족 노조라고 할 것이다.

재벌이란 본래 기업을 경영하는 자이고 기업이란 이윤의 극대화를 추구하는 것을 목적으로 한다고 하지만 우리는 외형상으로 나타난 이윤 극대화 그 자체를 비난할 수만은 없다 할 것이다.

강성귀족 노조는 전투적인 성격을 띤 대기업 정규직의 1억 원 연봉 수령자를 말한다. 임금수준이 높은데도 투쟁한다고 비난하는 말로 사용한 데에서 비롯되었다. 노동조합원은 귀족이 되어서는 안 되고 노조원 모두가 공평하게 분배받아야 한다. 노사문제에 있어서 노동자와 사용자 간 정상적인 타협이 필요한데 강성노조는 전투적 수법을 동원하여 무리한 요구를 하는 경우가 많다. 강성귀족 노조가 형성된 후에는 고용주가 한번 직원을 뽑으면 해고가 어려워지고 피고용인의 입장에서는 다른 곳에 취직하지 못하는 경우가 초래된다. 통계에 의하면 대기업의 경우 매년 1조 원 이상의 매출 차질을 겪는다고 한다.

노동조합의 무리한 임금인상 요구와 계속되는 장기적인 파업은 기업에 막대한 손실을 입히고 기업들이 해외로 공장을 이전하게 되며 기업의 국내 노동수요를 감소시키는 등 기업경영에 치명적인 타격을 주고 있다.

강성귀족 노조가 사용자로부터 충분한 임금을 수령하고 있음에도 파업 등의 행위로 기업에 막대한 손실을 입히는 것은 노·사가 상생(相生)해야 할 회사의 존립을 위태롭게 할 뿐만 아니라 국가 경제발전에도 암울한 그림자를 드리우고 있다.

그런데 여기서 한 걸음 더 나아가 강성노동조합장은 강성귀족 노조 중에서도 차원이 다르다고 해야 할 것이다. 즉 강성노동조합장은 단순한 대기업 정규직의 1억 원 연봉수령자가 아니라 매년 계속되는 파업을 철회하는 조건으로 회사로부터 수억 또는 수십억 원의 막대한 리베이트를 수령하고 임원진의 대우까지 받고 있다는 사실이다.

그렇다면 강성노조 조합장과 그 상급단체인 한국노총 및 민주노총의 핵심 간부들이 한국의 대기업을 병들게 하고 해외로 공장을 이전케 하며 국내 노동수요를 감소시키는 등 기업경영의 치명적인 타격을 가져온 결과에 대하여 국가 경제발전을 책임지고 있는 정부가 그 예방책을 반드시 강구해 주어야 할 것이다. 이들 강성귀족 노조 집단이 국가 정의를 파괴하고 국가 경제 그 자체를 위협하는 단계까지 와 있다면 국가 백년대계(百年大計)의 틀을 다지기 위한 노동 개혁은 윤석열 정부가 추진해야 할 최우선적 정책과제가 될 것이다.

2) 한상균 사건(전국 민주노동조합총연맹 위원장)

① 대한민국 민중총궐기 개요

〈ⅰ〉 한상균은 누구인가? 한상균(55세)은 전 쌍용자동차 금속노조 조합장을 지내고 전국민주노동조합총연맹(이하 민주노총이라 약칭한다) 위원장을 지냈다. 2009년 쌍용자동차의 대규모 정리해고에 맞서 77일간의 옥쇄(玉碎)파업[7]을 이끈 인물이다.

회사 측은 2009년 당시 전체 인원의 36%에 달하는 2,646명을 정리해고 하겠다는 계획을 밝히고 명예퇴직 등을 통하여 이를 실행하였다. 그는 조합원과 함께 공장을 점거하고 옥쇄파업을 벌이던 중 특수공무집행방해치상·업무방해 등으로 노동자 96명과 함께 구속되었고 3년 형을 채우고 만기출소 하였다.

그는 또한 2015. 4. 16 '세월호 범국민 추모 행동'을 비롯해 2012년부터 2015년 9월까지 크고 작은 집회 12건에서 불법시위를 주도한 혐의(집회 및 시위에 관한 법률 위반, 업무방해, 일반교통 방해)로 경찰

---

[7] 玉碎파업 : 옥쇄란 부서져 玉이 된다는 뜻이며, 명예나 충절을 위하여 깨끗이 죽음을 각오하고 행하는 파업.

의 수배를 받아왔다.

〈ⅱ〉2015. 11. 14 오후 1시부터 서울 도심 곳곳에서 시작된 '민중총궐기' 집회는 53개 단체가 주도한 불법 폭력시위로 서울 도심 일대가 7시간 넘게 무법천지로 변했다. 1차 민중총궐기는 박근혜 정부의 노동정책(노동 개혁, 청년실업 등), 한국사 국정화에 대한 반대, 세월호 참사 진상규명, 농민 문제와 빈곤 문제 등에 항의하며 민주노총 등 여러 단체에서 2015. 11. 14 개최한 집회 시위를 말한다. 동 집회에서 시위를 주도한 한상균 민주노총 위원장은

"언제든 노동자·민중이 분노하면 서울을, 아니 이 나라 전체를 마비시킬 수 있다는 것을 똑똑히 보여주자"고 말했다.

새정치민주연합은 이날 오후 5시 30분경 부대변인 논평에서
"합리적이고 비폭력적 집회를 경찰이 불법으로 호도하면, 단호히 맞서 싸울 것"이라고 했다.

한편 이종걸 원내대표는 11월 15일 강신명 경찰청장에게 전화를 걸어 집회 참가자 백남기(69세) 씨가 경찰의 물대포에 맞아 중상을 입은 데 대해 항의했다.

동 집회는 경찰 추산 64,000명(주최 측 130,000명)이 참여하였고, 1명 사망, 140여 명 부상, 51명 연행, 버스 50대가 손상되었다.

동 집회에서 민중총궐기 단체들이 '박근혜를 처형하라!' '박근혜 정권 정치 탄압 희생양 이석기 의원 석방하라!'는 충격적인 선전 피켓과 구호가 난무했고 대법원이 이적단체로 판결한 조국통일범민족연합

남측 본부와 민족자주평화통일중앙회의도 가세했고, 한국진보연대, 전국농민총연맹, 한국청년연대 등 통합진보당해산 반대 범국민운동에 소속한 19개 단체도 민중총궐기에 참여하였다.

박근혜 대통령을 처단하고 이석기를 박근혜 정권 정치 탄압의 희생양으로 우상화하여 석방을 요구하는 민중총궐기는 대한민국에 적대하고 북한에 동조하는 세력일까, 아닐까?

이석기가 누구인가? 기간시설을 폭파해 대한민국을 전복하고 김일성 주체사상을 따르는 이석기, 태극기와 애국가도 부정했던 이석기, 그런 이석기를 탄압한다고 박근혜 대통령을 처형하라는 민중총궐기 반란 세력을 국민은 어떻게 판단하고 있을까?

그런 이석기에 대하여 선처 탄원을 한 도법스님, 자승스님이 129명 경찰을 부상케 하고 50대 경찰차를 파손하여 도심을 무법천지로 만든 민중총궐기를 주도한 한상균 민주노총 위원장과 경찰 사이에 중재에 나서겠다고 하는 태도는 타당한 처신일까?

통진당 해산 결정에 대하여 민주주의를 부정하고 민주주의가 죽었다고 주장한 정의구현 사제단은 최근 북한을 방문한 후 귀국해 시국기도회를 하면서 민중총궐기의 폭력시위는 탓하지 않고 경찰의 과잉진압을 비난하고 민주주의가 만신창이가 되었다면서 국정교과서가 역사관을 왜곡한다고 하는 것은 올바른 판단일까?

모든 사람은 생각이 다르고 다른 생각을 갖는 것은 자유이다. 따라서 자기 생각만이 옳다고 강요하는 것은 폭력일 수 있으므로 상대방을 설득해야만 합의를 이끌어 낼 수 있음에도 민중총궐기의 민주노총

위원장 한상균 등 집회 시위자들은 폭력으로 일반 국민과 정부 당국을 제압하려고 한다. 이러한 폭력적 행위는 과연 전체 국민의 공감을 받을 수 있을까?

한편 2015년 11월 민중총궐기 진압에 대하여는 논란이 있다. 2015년 민중총궐기 대회로 인한 경찰 피해 사항 문건에 따르면 시위대의 폭력으로 129명의 경찰이 다쳤다. 이때 백남기 씨가 물대포를 맞고 사망한 사건이 발생했다. 그런데 백남기 씨는 민중총궐기에서 평화적으로만 시위하지 않았다는 사실이다. 백남기 씨가 물대포를 맞게 된 경위는 단순히 집회 참가자여서가 아닌, 차벽을 끌어내리려고 줄을 당기려고 시도하기 때문이었으며, 차벽이 뚫리면 신변이 위험해질 수 있는 경찰 측이 차벽을 끌어내리려는 자들에게 살수하는 건 정당방위로 볼 수 있다. 외국의 경우에는 폴리스라인(police line)만 넘어가도 즉각적인 진압이 이루어지는데, 폴리스 라인을 넘는 정도를 뛰어넘어 차벽을 끌어내리려고 시도했다는 점에서 온건한 시위자라고 주장하기엔 어폐가 있다는 것이 경찰의 주장이다.

평화적인 시위대에 무력을 행사하여 사망자가 발생하였다면 이는 당연히 문제의 소지가 있지만, 폭력적인 시위대에 대한 정당한, 공권력 행사 중 발생한 사망자에 대하여는 만약에 백남기 농민의 직접적 사인이 물대포라고 할지라도 과실치사 이상의 죄를 묻기는 힘들다.

백남기 농민 사망사건 이전에 벌어진 백남기 물대포 청문회에서 새누리당 의원들, 현역과 예비역 전·의경 중인들, 전·의경 어머니 회장 등이 참석했다. 이들은 사실상 현장 양측 폭력시위 총부상자 140여

명 중 130여 명이 경찰 측 부상자라는 상황이었으며 각종 동영상으로 선진국의 폭력시위 대처영상과 진압 장비들을 소개하고 경찰의 자위권 행사가 정당했다고 한 판례들도 소개하며 폭력시위를 한 집회 시위 측의 책임과 현장 경찰관들과 의경들도 인간으로서 신체적 안전을 보장받을 기본적인 권리를 위해 정당한 자위권 행사임을 간접적으로 호소했다.

납치한 경찰관들을 붙잡아 물대포를 막을 인간 방패로 쓰려고 하는 폭력시위자들이 있었다. 다행스럽게 이성적인 시위자들이 나서서 폭력시위자들을 만류하고 납치한 경찰관을 인솔해 피신시켰다.

② 민주노총의 실체

〈ⅰ〉 민주노총은 해방 이후 전평(조선노동조합 전국평의회의 약칭)에서 시작된 진보적 노동운동을 계승·발전시킨 전국적 노동조합의 연합 조직이다. 전평은 해방 이후 한국 노동운동계의 주류로서 남로당 계열 좌파 노동단체였다.

또한 민주노총은 사회개혁과 노동자의 정치세력화를 목표로 1995. 11. 11 출범하였고, 기업 단위 노조에서 산업별 노조로의 전환을 추구하고 있으며, 노동문제만이 아니라 수많은 정책개발 및 대정부 요구를 통해 한국 사회발전에 적극적인 접근을 꾀하고 있다.

대기업·공기업 정규직 노조가 주로 민주노총에 가입하고 있다. 현대자동차, 코레일이 대표적이다. 그러나 민주노총은 전체 근로자 1,900여만 명 중 3.3%를 대변할 뿐이다. 공무원 노조, 전교조 등 공기업의 노조는 대부분 민주노총이다.

민주노총은 아직도 계급론이라는 이념에 몰입해 있다는 의견이 지배적이다. 즉 노동자를 착취하는 자본가에게 대항하여 노동자의 권리를 쟁취해야 한다는 이념에서 벗어나지 못하고 있다는 것이다.

기업가나 기업을 적으로 치부하는 민주노총의 이념적 집착은 폭력적인 행동을 불러오기도 했다. 2006년 한국노총이 노·사·정(勞·使·政) 대화에서 재계와 공동으로 '노사관계 선진화를 위한 대타협 선언'을 내놓자, 민주노총 노조원들이 이용득 당시 한국노총위원장을 대낮 노상에서 폭행하는가 하면, 한국노총 건물에 무단 진입해 시너를 뿌리고 쇠 파이프 등으로 창문과 사무실 집기 등을 부수는 일까지 저질렀다. 사용자 측과 손을 잡았다는 이유로 동료 노조조직에 대해서까지 폭력을 휘두른 것이다.

민주노총이 이제까지 보여 온 행태는 조직폭력배와 다를 것이 없다. 문제해결을 대화가 아닌 폭력에 의존한다면 우리는 그 조직을 조폭이라 부를 수밖에 없는 것이다. 민주노총이 당장 폭력투쟁 노선을 버리지 않는다면 몰락할 수밖에 없다는 사실을 명심해야 할 것이다.

〈ⅱ〉 노동법은 노동관계, 근로자의 노동력 제공에 관련된 생활 관계를 규율하는 법이다. 여기서 근로자는 노동자와 전혀 동일한 의미라는 점을 말해두고자 한다.

'노동'이라 하면 육체노동만을 의미하는 듯하고 저항적·전투적 느낌을 주는 데 대하여 '근로'라 하면 정신노동까지 포함하는 듯하고 포괄적인 느낌을 준다. 그러나 그것은 어감의 차이에 불과하고, 학문적으로 양자의 개념이 구별되지 않는다는 것이 노동 학계의 통설적 입장이다. 이처럼 양자의 개념이 동일함에도 통일을 기하지 못한 것은 남북 분단 상황 아래서 가급적 '노동'의 용어를 피하려는 정치적 고려가 작용된 것으로 보인다.

근로기준법상 노동은 독립적 노동이 아니라 종속적 노동으로 한정된다. 종속노동은 근로자가 누군가에게 노동력을 팔지 않고서는 살아갈 수 없기 때문에 상대방이 제시한 거래 조건이 불리해도 이를 받아들여 계약 관계를 맺을 수밖에 없는 것(경제적 종속)을 의미하고 또한 근로자가 그 노동력을 자신의 신체·인격과 분리하여 제공할 수 없기 때문에 노동력 제공 과정에서 사용자의 지휘·감독을 받게 된다는 것(인적 종속)을 의미하기도 한다.

근로기준법상 근로자 즉 노동자란 직업의 종류와 관계없이 임금을 목적으로 사업 또는 사업장에 근로를 제공하는 자로 정의되고 있다. 사업장에 근로를 제공한다는 것은 단순히 사업이나 사업장을 근로 제공의 장소로 한다는 것이 아니라 단순히 사업이나 사업장의 사업주에 고용되어 있는 이상 휴직, 휴가, 휴업, 파업 참가 등의 사유로 일시 근로 제공을 중단하고 있더라도 근로자로 인정된다. 근로자 즉 노동자가 사업장에 근로를 제공한다는 것은 사업주에게 고용되어 그를 위하여 근로를 제공하는 것이므로 노·사간에는 사용자와 노동자라는 주종관계(主從關係)가 설정되어 있으며 동시에 인간적인 친밀감 내지는 유대가 전제된 것이라 할 것이다.

그러나 노동조합법상 근로자란 임금·급료, 그 밖에 이에 준하는 수입으로 생활하는 자로 정의하고 있다. 여기서 그 밖에 이에 준하는 수입은 임금·급료가 아니면서 임금과 비슷한 수입으로 사업주가 아닌 개인에게 일시적으로 근로를 제공하거나 타인에게 종속적으로 근로는 아니지만 이와 비슷한 노무를 공급하는 등의 대가로 얻는 수입을 말한다. 임금에 '준하는 수입으로 생활하는 자'는 근로기준법상의 근로자는 아니지만, 노동조합법상의 근로자에는 포함된다.

노동조합법상의 근로자는 한편으로는 임금에 준하는 수입으로 생활하는 자를 포함하고, 또 다른 한편으로는 실업자도 포함한다. 근로기준법상의 근로자가 인적 종속을 중시한 개념이라면, 노동조합법상의 근로자는 경제적 종속을 중시한 개념이라 할 수 있다.

그런데 근로기준법상 인적 종속을 중시한 근로자 즉 노동자나 노동조합법상 경제적 종속을 중시한 노동자도 그 모두가 회사에 종속하여 생활하고 있고 노동자는 타인에게 근로를 제공하고 그 대가로 얻은 수입으로 생활하기 때문에 노동자와 기업주인 사용자는 어느 정도 종속관계를 부정할 수 없는 유기적 결합체 내지는 상생 관계라고 할 수 있을 것이다.

그러나 현실적으로는 노동자가 회사에 입사할 경우에도 사용자의 권한이 절대적으로 영향력이 행사됨은 물론이고 회사에 입사할 자격요건이 미달한 사람도 개인적인 어려운 환경을 고려하여 입사시켰음에도 그 고마움이나 은혜에 보답하기는커녕 불법파업 등으로 회사에 반기를 들고 대립적인 위치에 서 있는 것이 보통이다. 노동자들은 자신들이 헐벗고 굶주릴 때 식사를 제공하고, 직장까지 마련해 준 은인에게 복종하기는 고사하고 회사 경영 상태의 호·불호(好·不好)를 가리지 않고 연중행사로 매년 불법파업을 주동하면서 봉급 인상을 요구하고 있다. 사용자만이 행사하는 고유한 인사권과 경영권도 공동 행사하자고 주장하면서 협박까지 하고 있다.

이러한 노동자들의 반란 원인은 무엇일까? 물론 자신들의 몫을 더 챙기기 위한 인간의 반윤리적(反倫理的)인 동물적 본능이겠지만 근본적 원인은 소득분배를 둘러싼 노사 간의 주도권 싸움이라고 할 수 있을 것이다.

〈ⅲ〉 소득분배는 공평하게 이루어질 수 있는가.
노동자의 노동에 대한 보수인 임금과 토지 소유자의 토지에 대한 보수인 지대, 기업가의 기업가적 노력인 이윤, 자금의 수요와 공급의 상호작용에 의한 이자율이 결합하여 일정 기간 경영 이익을 창출하면 그것이 국민소득이 된다. 창출된 소득을 국민 모두에게 공평하게 분배되도록 하여야만, 충돌이 발생하지 않을 것이다.

국민소득은 국내 총생산이고 일정 기간(1년 동안) 한 나라 국민이 한 나라 안에서 생산하여 최종적인 용도로 사용하는 재화와 서비스의 가치를 모두 더한 것이라 할 수 있다.
소득분배는 바로 국민소득의 공평한 분배에 대한 문제이며 우리 사회가 정말로 공평한 사회가 되기 위해서는 시급히 해결할 문제라고 할 수 있을 것이다. 특히 최근 들어 빈부격차가 점차 커져서 양극화되고 있으며 많은 사람이 인간다운 생활이 불가능한 빈곤의 상태에서 허덕이고 있는 상황이기 때문에 국민소득의 공평한 분배가 절실히 요구된다고 할 것이다.

국가가 아무리 경제성장률이 상승한다 해도 경제성장의 열매가 국민 모두에게 공평하게 분배되지 않는다면 국민 모두가 그 효과를 맛볼 수 없다 할 것이다. 국가 경제성장의 중추적 기능은 민간기업이며 외국으로부터 수주받은 물품을 만들어 판매함으로써 외화를 벌어들이는 길이 될 것이다.

그런데 아무리 막대한 경영 이익을 창출하고 높은 경제 성장률을 달성한다 해도 공평한 소득분배가 이루어지지 않는다면 그 국가의 경제구조는 정상적일 수가 없으며 빈부격차는 심화되고 국민 생활은 빈곤한 경제생활을 면할 수 없다고 할 것이다.

회사의 경영 이익은 사용자와 노동자에게 분배된다. 하지만 노동조합의 활동이 미미하였던 7~80년경만 하더라도 그 이익의 대부분은 사용자가 차지하였고 극히 적은 부분만 노동자의 봉급에 가산되었던 것이다. 80년도 말경을 전후하여 한국노총을 중심으로 한 노동조합은 봉급 인상을 명분으로 온건한 노조 활동을 전개하는 데 그쳤다고 보아야 할 것이다.

그러나 1995. 11. 11 창설된 민주노총은 한국노총과는 달리 노조 활동을 적극적으로 전개하면서 사회개혁과 노동자의 정치 세력화를 목표로 노조가 새로운 양상으로 변모되었다. 민주노총의 노조 활동은 단순한 봉급 인상 등의 파업에 그치지 않고 회사 내 기물손괴 등의 과격 양상을 띠기 시작하였다.

한편 한국노총이나 민주노총의 위원장 등 핵심 간부와 단위노조 조합장 등은 노조원들을 선동하여 적극적 파업을 주도하여 왔으며, 1994년 이후 21년 동안 계속되어 온 전시한 금호타이어 파업 사건에서는 2014년 동사가 거둔 순이익 1,229억 원의 75%에 달하는 918억 원을 수령한 사실이 있는 점을 살펴본다면 회사가 산출한 이익은 경영자의 경영이 무시된 채 오직 노동자의 노력의 결과일 뿐이라는 주장을 하고 있다 할 것이다. 다시 말하면 노동자들이 사용자보다 더 많은 경영 이익을 분배받아야 한다는 주장이다.

이러한 현상은 사용자와 노동자 간에 결코 공평한 소득분배가 될 수 없다는 사실을 단적으로 증명하고도 남음이 있다 할 것이다.

그뿐만 아니라 민주노총의 노동자 계급(한국노총도 예외는 아님)은 소득분배가 사용자에 비하여 더 많이 할당되지 않는다면 파업 등 쟁의행위를 하겠다는 협박을 수단으로 하지만 이 노동자들 중에서도 민주노총의 위원장 등 간부나 단위노조 조합장들은 임금인상을 통하여 더 많은 소득분배를 취득하려는 목적에 만족하지 않고 그 파업을 수단으로 노조원을 제외한 자신들만의 또 다른 이권을 사용자로부터 취득할 것을 목적으로 하고 있다는 것이다. 이것은 한 마디로 대기업 정규직의 1억 원 연봉수령자인 귀족노조나 여기에 전투적 성격이 가미된 강성 귀족노조보다 한층 진보된 노조이다. 즉 현대자동차의 경우 노동자들이 파업을 할 경우 하루 수억 원씩 손해가 발생하고 장기간 파업할 경우에는 수조 원의 손해가 발생하는 사태를 유발토록 하여 급기야는 사업자 측이 두 손을 들고 이들 노조간부에게 별도의 이권을 제시토록 하여 이권을 취득하는 수법이다.

기업의 이윤이 공평하게 분배되지 못하는 이러한 노조 조합장 등 노조 간부의 행태는 개인적으로는 자기가 소속한 회사를 배신함으로써 회사에 손해를 주고 자신만이 이익을 취하는 비윤리적인 행위이지만 국가적으로는 기업의 파산이나 해외 이주를 가져와 국가 경제를 파멸로 이끌게 될 것이다.

③ 정부의 대응 태도

그렇다면 정부는 노동자와 사용자 간의 노·사 문제에 관하여 주체는 노동자와 사용자이므로 제삼자이고 방관자라는 태도를 버리고 적극 관여하여 조정자로서 해결책을 강구하여 원만한 노·사 대책을 수립하여야 할 것이다.

이제는 정부 당국자들은 노조의 핵심 간부나 노조 조합장들이 더 이상 그 옛날 반상의 체계가 분명했던 머슴 돌쇠라는 순진한 생각을 버려야 할 것이다. 정부 당국자들은 노조 조합장 등 노조 간부들이 회사 경영진과 대동한 위치에 있는 귀족노조인 동시에 우리나라의 가장 큰 독버섯이라는 점을 분명히 인식하고 이 독버섯을 제거하지 않는다면 국가의 파멸을 가져온다는 확신을 가져야 할 것이다.

따라서 정부 당국은 적법 파업에 대하여는 노·사 협의를 통하여 원만한 합의점을 도출하여 사건을 해결해야 할 것이나, 불법파업에 대하여는 적극 관여하여 노조 관련자들을 엄중 처벌하여 기업을 보호하고 기업 보호를 통하여 국가 경제성장을 제고시켜야 할 것이다.

헌재(憲裁)는 용서받을 수 없다
변지섭 저서

발 행 일	2023년 11월 25일
지 은 이	변지섭
발 행 인	李憲錫
발 행 처	오늘의문학사
출판등록	제55호(1993년 6월 23일)
주 소	대전광역시 동구 대전로 867번길 52(한밭오피스텔 401호)
전화번호	(042)624-2980
팩시밀리	(042)628-2983
홈페이지	http://www.lito77.co.kr(홈페이지)
전자우편	hs2980@hanmail.net
공 급 처	한국출판협동조합
주문전화	(070)7119-1752
팩시밀리	(031)944-8234~6

ISBN 979-11-6493-300-6
값 15,000원

ⓒ 변지섭. 2023

* 이 책의 판권은 저작권자와 오늘의문학사에 있습니다.
* 잘못 제작된 책은 바꾸어 드립니다.